panadería

degustis

Publicado en 2003 por Advanced Marketing, S. de R.L. de C.V.
Bajo el sello Degustis

Publicado por primera vez en 2001
© 2001 The Foundry

© 2003 Advanced Marketing, S. de R.L. de C.V.
Aztecas # 33 Col. Sta. Cruz Acatlán
Naucalpan, C.P. 53150 Estado de México
México

ISBN: 970-718-066-8

01 02 03 04 05   03 04 05 06 07

Impreso en Italia / Printed in Italy

RECONOCIMIENTOS:

Autores: Catherine Atkinson, Juliet Barker, Gina Steer, Vicki Smallwood, Carol Tennant,
Mari Mererid Williams y Elizabeth Wolf-Cohen y Simone Wright
Asesora editorial: Gina Steer
Editora del proyecto: Karen Fitzpatrick
Fotografía: Colin Bowling, Paul Forrester y Stephen Brayne
Economistas Domésticas y productoras gastronómicas: Jacqueline Bellefontaine, Mandy Phipps, Vicki Smallwood y Penny Stephens
Equipo de diseño: Helen Courtney, Jennifer Bishop, Lucy Bradbury y Chris Herbert

Todos los accesorios fueron proporcionados por Barbara Stewart, de Surfaces.
Traducción: Concepción O. De Jourdain, Laura Cordera L.

NOTA:

Los bebés, personas de edad avanzada, mujeres embarazadas y cualquier persona que padezca alguna enfermedad deben evitar
los platillos preparados con huevos crudos.

Un agradecimiento especial a todos los involucrados en la publicación de este libro,
particularmente a Karen Fitzpatrick y Gina Steer.

CONTENIDO

PAYS, FLANES SAZONADOS Y PIZZAS

PANES, SCONES Y PANQUÉS PARA LA HORA DEL TÉ

PUDINES HORNEADOS Y TARTAS DULCES

PASTELES PARA EL DIARIO

BIZCOCHOS, GALLETAS, BROWNIES Y HORNEADOS EN CHAROLA

PASTELES DE CREMA PARA FIESTAS Y CELEBRACIONES

Higiene en la Cocina

Vale la pena recordar que muchos alimentos pueden estar contaminados por algún tipo de bacteria. En la mayoría de los casos, esto puede causar una intoxicación o gastroenteritis, aunque para algunas personas esto puede ser aún más grave. Este riesgo puede disminuirse o eliminarse por completo teniendo higiene al manejar los alimentos y cocinándolos de una manera adecuada.

No compre alimentos con fecha de caducidad vencida ni consuma ningún alimento que no deba usarse después de cierta fecha. Al comprar alimentos use tanto los ojos como la nariz. Si el alimento se ve marchito, aguado, tiene un color desagradable o huele rancio o mal, no lo compre ni coma bajo ninguna circunstancia.

Tenga especial cuidado al preparar carne y pescado crudos. Debe usar una tabla de picar diferente para ellos; lavar el cuchillo, tabla y manos a conciencia antes de manejar o preparar cualquier otro alimento.

Limpie, descongele y ordene el refrigerador y el congelador con regularidad. Vale la pena revisar el empaque para ver exactamente cuanto dura cada producto en el congelador.

Evite manejar los alimentos si está enfermo del estómago ya que puede contagiar las bacterias al preparar alimentos.

Los trapos y toallas de cocina deben lavarse y cambiarse con regularidad. Lo más conveniente es usar trapos desechables, que deben sustituirse a diario. Los de tela deben remojarse en cloro y lavarse en lavadora con agua caliente.

Mantenga sus manos, utensilios de cocina y superficies de trabajo limpias y no permita que sus mascotas se suban a ninguna de las áreas de trabajo.

COMPRA

Evite las compras en grandes cantidades siempre que le sea posible, especialmente de los productos frescos como carne, pollo, pescado, fruta y verduras. Los alimentos frescos pierden su valor nutricional rápidamente, por lo que, al comprar en pequeñas cantidades se disminuye la pérdida de nutrientes. También evite tener el refrigerador repleto, lo cual reduce la eficiencia del proceso de enfriamiento.

Cuando compre alimentos empacados, como latas o tarros de crema y yogurt, revise que el empaque esté intacto y no esté dañado o perforado por ningún lado. Las latas no deben estar abolladas, perforadas o sucias. Revise la fecha de "consuma antes de" incluso en las latas y paquetes de ingredientes secos como harina o arroz. Almacene los alimentos frescos en el refrigerador lo antes posible, no los deje en el coche ni en la oficina.

Al comprar alimentos congelados, asegúrese de que estén bien helados tanto en el exterior como en el interior. Cerciórese de que hayan sido depositados en una cámara que tenga el almacenamiento adecuado y cuya temperatura sea inferior a los −18°C/ −4°F. Empaque en bolsas térmicas para llevarlos a su casa y colóquelos en el congelador, tan pronto le sea posible después de la compra.

PREPARACIÓN

Asegúrese de que todas las superficies y utensilios estén limpios y secos. La higiene es un factor prioritario en todo momento. Use diferentes tablas de picar para carnes, pescados y vegetales crudos o cocidos. Actualmente hay una gran variedad de tablas de picar hechas de plástico de muy buena calidad en diferentes diseños y colores. Esto hace que se puedan diferenciar fácilmente, además de que el plástico tiene la ventaja de poderse lavar a altas temperaturas en la lavadora de platos. (Nota: ¡Si usa una tabla de picar para pescado, primero debe lavarla en agua fría y después en caliente para evitar los malos olores!) También recuerde que los cuchillos

y utensilios deben limpiarse a la perfección después de usarlos.

Al cocinar tenga especial cuidado en mantener separados los alimentos cocidos y crudos, para evitar que se contaminen. Vale la pena lavar todas las frutas y verduras, sin importar si las va a comer crudas o ligeramente cocidas. Esta regla debe aplicarse aun para hierbas y

ensaladas pre-lavadas. No recaliente los alimentos más de una vez. Si usa microondas, siempre cheque que los alimentos estén totalmente calientes. (En teoría, los alimentos deben llegar a los 70°C/158°F y deben cocinarse a esa temperatura por lo menos durante tres minutos para asegurar que todas las bacterias hayan muerto.)

Todas las aves deberán descongelarse completamente antes de usarse, incluyendo el pollo y los pichones. Retire los alimentos del congelador y colóquelos en un platón poco profundo, para contener sus jugos. Deje los alimentos dentro del refrigerador hasta que estén totalmente descongelados. Un pollo entero de 1.4 kg/3 lb tomará cerca de 26 a 30 horas para descongelarse. Para acelerar este proceso sumerja el pollo en agua fría. Sin embargo, asegúrese de cambiar el agua con regularidad. Cuando las articulaciones se muevan con facilidad y no tenga hielo dentro de la cavidad, el ave estará completamente descongelada.

Una vez que el pollo esté descongelado, retire la envoltura y séquelo. Colóquelo en un plato poco profundo, tapándolo ligeramente y almacénelo lo más cerca posible de la base del refrigerador. El pollo debe cocinarse cuanto antes.

Algunos alimentos pueden cocinarse al estar congelados, como es el caso de los alimentos empacados: sopas, salsas, platillos cocidos y panes. En este caso, siga las instrucciones del empaque.

Las verduras y frutas también se pueden cocinar al estar congeladas, pero la carne y pescado deben descongelarse con anterioridad. El único caso en el que se pueden volver a congelar los alimentos es cuando han sido descongelados totalmente y cocinados. Una vez que se hayan enfriado, pueden volver a congelarse. En estas ocasiones se pueden almacenar durante un mes.

Todas las aves de corral y de caza (con excepción del pato) deben cocerse totalmente. Una vez cocidos, soltarán jugos claros de la parte más gruesa del ave, el lugar más adecuado para revisar es el muslo. Otras carnes, como la carne molida o el puerco deben cocerse totalmente. El pescado debe tornarse opaco, tener una consistencia firme y romperse fácilmente en hojuelas.

Al cocinar restos, asegúrese de calentarlos totalmente y de hervir todas las salsas o sopas.

ALMACENANDO, REFRIGERANDO Y CONGELANDO

La carne, aves, pescado, mariscos y productos lácteos deben refrigerarse. La temperatura del refrigerador debe estar entre 1-5°C/34-41°F, mientras que la del congelador no debe ser mayor a los −18°C/-4°F.

Para asegurar la temperatura óptima para el refrigerador y congelador, evite dejar la puerta abierta durante mucho tiempo. Trate de no rellenar el refrigerador ya que esto reduce el flujo de aire dentro de él y afecta su eficiencia para enfriar los alimentos.

Al refrigerar alimentos cocidos, deje que se enfríen rápido y completamente antes de refrigerarlos. Los alimentos calientes elevarán la temperatura del refrigerador y podrán afectar o echar a perder algún otro alimento almacenado.

Todos los alimentos refrigerados y congelados deben estar tapados. Los alimentos crudos y cocidos deben almacenarse en partes diferentes del refrigerador. Los cocidos deben mantenerse en las partes superiores, mientras que la carne, aves y pescado crudo deben guardarse en la parte inferior para evitar escurrimientos y contaminación. Es recomendable refrigerar los huevos para mantener su frescura y duración.

Tenga cuidado de no almacenar demasiado tiempo los alimentos congelados. Las verduras blanqueadas pueden almacenarse durante un mes; la carne de res, cordero, aves y puerco durante seis meses y las verduras sin blanquear y frutas en almíbar durante un año. El pescado en aceite y las salchichas pueden almacenarse durante tres meses. Los productos lácteos pueden durar de cuatro a seis meses, mientras que los pasteles y pastas pueden permanecer en el congelador de tres a seis meses.

ALIMENTOS DE ALTO RIESGO

Algunos alimentos pueden representar un riesgo para las personas consideradas como vulnerables, como es el caso de la gente de edad avanzada, enfermos, mujeres embarazadas, bebés, infantes menores y aquellas personas que sufran de alguna enfermedad recurrente.

Se recomienda evitar los alimentos que mencionamos a continuación, ya que pertenecen a la categoría de alto riesgo.

Existe una pequeña probabilidad de que algunos huevos lleven la bacteria de la salmonela. Cocine los huevos hasta que la yema y la clara estén firmes para eliminar el riesgo. Ponga particular atención a los platillos y productos que contengan huevos

ligeramente cocidos o huevos crudos, los cuales deben eliminarse de la dieta. Las salsas, incluyendo la salsa holandesa, mayonesa, mousses, soufflés y merengues llevan huevos crudos o ligeramente cocidos, al igual que los platillos con base de natillas, helados y sorbetes. Todos estos alimentos son considerados de alto riesgo para los grupos vulnerables que mencionamos con anterioridad.

Algunas carnes y aves también tienen el riesgo de infectarse con salmonela, por lo que deben cocerse totalmente hasta que los jugos salgan claros y no tengan ningún rastro de color rosa. Los productos sin pasteurizar como la leche, queso (en especial el queso suave), paté y carne (tanto cruda como cocida); tienen el riesgo de infectarse con la listeria por lo que deben evitarse.

Al comprar mariscos, busque un proveedor confiable que se surta con regularidad, para asegurar su frescura. Los pescados deben tener los ojos claros, la piel brillante y las branquias de color rosa o rojo brillante. Deben sentirse firmes al tacto, con un ligero olor a brisa de mar y yodo. La carne de los filetes de pescado debe ser translúcida sin ningún signo de decoloración. Los moluscos como las vieiras, almejas y mejillones se venden frescos y vivos. Evite aquellos que estén abiertos o no se cierren al tocarlos ligeramente. De la misma forma, los moluscos como los berberechos o caracoles, deben contraerse en sus conchas al picarlos ligeramente. Al elegir cefalópodos como calamares y pulpos elija los que tengan una consistencia firme y un agradable olor a mar.

Al igual que con el pescado, los crustáceos o mariscos requieren de cierto cuidado al congelarlos. Es necesario revisar si han sido congelados con anterioridad. En este caso, no deben volver a congelarse bajo ninguna circunstancia.

Ingredientes Esenciales

Las cantidades pueden variar, pero los ingredientes básicos no varían demasiado. Veamos de cerca los ingredientes que son esenciales para hornear.

GRASA

La mantequilla y la margarina firme son las grasas más usadas para hornear. También se pueden usar otras como la manteca vegetal, manteca de cerdo y aceite. Los untos bajos en calorías no son recomendados pues se desbaratan al cocerse a temperaturas altas y no son los adecuados para hornear. A menudo depende del gusto de cada quien la grasa que se usa, pero debemos basarnos en ciertos criterios importantes que se deben tener presentes.

La mantequilla sin sal es la grasa más usada para hacer pasteles, en especial en los deliciosos fruit cakes y los pasteles esponjosos como la Torta de Chocolate Madeira. La mantequilla sin sal da al pastel un sabor característico. Algunas personas prefieren la margarina que da menos sabor al pastel. Como regla general, la margarina y la mantequilla firme no deben usarse recién salidas del refrigerador, sino deben estar a temperatura ambiente antes de usarse. Además, deben batirse solas antes de acremarse o mezclarse. La margarina firme es más adecuada para usarse en las recetas sencillas. Si se usa aceite, se debe tener cuidado de la cantidad. Recomendamos seguir una receta específica ya que las proporciones entre el aceite, harina y huevos son diferentes.

La grasa es un ingrediente importante al hacer pastas, una vez más debemos tener presentes algunas consideraciones específicas.

En cuanto a las pastas delgadas, los mejores resultados se logran usando cantidades iguales de manteca vegetal o manteca de cerdo que de mantequilla o bloque de mantequilla. La cantidad de grasa usada siempre será la mitad de la cantidad de harina. Otras pastas usan diferentes cantidades de estos ingredientes. El Paté sucrée (una pasta para tarta dulce) está hecho con mantequilla, huevos y un poco de azúcar, mientras que las empanadas o mil hojas usan proporciones mayores de grasa o harina. Estas dependen de la forma de extenderlas y amasarlas para asegurarse de que la pasta se levante y separe adecuadamente. Al usar una receta, siga las instrucciones para obtener los mejores resultados.

HARINA

Podemos comprar una gran variedad de harinas y cada una está diseñada para lograr una tarea específica. La harina dura, que es rica en gluten, ya sea blanca o morena (incluye la de granero y la stoneground) es la que se recomienda para el pan y el Pudín de Navidad. También se recomienda para pudines hechos al vapor así como para la pasta de hojaldre. La harina 00 está diseñada especialmente para hacer pastas y no existe ningún sustituto para ella. La harina ordinaria o harina suave es mejor para los pasteles, bollos y salsas que absorben la grasa fácilmente y dan una consistencia ligera. Ésta puede ser blanca o harina leudante, así como integral. La harina leudante, que contiene

el agente de elevación integrado, es la que se recomienda para los pasteles esponjosos en los que es importante lograr una elevación uniforme. La harina simple puede usarse para todo tipo de horneados y salsas. Si usa harina simple para scones o pasteles y budines, a menos que la receta mencione otra cantidad, use 1 cucharadita de polvo de hornear por cada 225 g/8 oz de harina simple. En los pasteles esponjosos y pasteles ligeros de fruta, se recomienda usar harina leudante ya que incluye el agente para esponjarlos. De esta forma no hay peligro de excederse, lo cual hará que el pastel se suma o quede amargo. Existen otros ingredientes especiales que se pueden usar para esponjar. Algunos pasteles llevan bicarbonato de sodio, con o sin cremor tártaro, mezclado con leche caliente o leche agria. Los huevos batidos también actúan como un agente elevador ya que el aire atrapado en el huevo asegura que la mezcla se esponje. Por lo general no se necesita ningún otro agente elevador.

También se puede encontrar harina ya cernida. Incluso existe una harina esponjosa especialmente diseñada para los pasteles esponjosos batidos. Así mismo se puede comprar harina fabricada especialmente para celiacos, la cual no contiene gluten, o se puede usar trigo sarraceno, soya o garbanzo.

HUEVOS

Cuando una receta pide 1 huevo, por lo general se refiere a un huevo mediano. Debido al ligero riesgo de que tengan salmonela, actualmente todos los empaques de huevo se venden con un sello donde aparece la fecha de caducidad para asegurar que se usen en su mejor momento. Prefiera huevos de alguna marca conocida que vienen de gallinas vacunadas contra la salmonela, y son producidos bajo estrictas normas de calidad.

Existen varios tipos de huevos en el mercado y en realidad es una cuestión de

gusto personal el que se elija. Todos ofrecen los mismos beneficios nutricionales. La mayoría de los huevos que se venden en este país son huevos de gallinas en jaula. Son los huevos más baratos y las gallinas se han alimentado de una dieta mixta de pienso.

Los huevos de corral son de gallinas que habitan en granjas y que pueden pasear dentro de la granja. Sin embargo, su dieta es similar a la de las gallinas de jaula y las granjas pueden tener sobrepoblación.

Comúnmente se cree que los huevos de gallinas en pastoreo son de gallinas que llevan una vida mucho más natural y que se alimentan de productos naturales. Sin embargo, esto no siempre sucede y en algunos casos viven en lugares sobre poblados.

Almacene los huevos en el refrigerador con la parte redonda hacia arriba (como vienen empacados en las cajas de huevo). Deje reposar a temperatura ambiente antes de usarlos. Recuerde que los huevos crudos o semi cocidos no deben darse a bebés, niños pequeños, mujeres embarazadas, personas mayores o aquellos que sufran alguna enfermedad recurrente.

AZÚCAR

El azúcar no solo da sabor al hornear sino que también le da textura y volumen a la mezcla. Por lo general se dice que el azúcar molida es mejor para pasteles esponjosos, budines y merengues. Sus gránulos finos se dispersan uniformemente al acremarse o batirse. El azúcar granulada se usa para la cocina en general, como frutas cocidas, mientras que el demerara, con su sabor a caramelo y consistencia chiclosa es bueno para budines y pasteles pegajosos como los flapjacks. Para los pasteles de fruta, pasteles y pudines de Navidad, use azúcar mascabado que proporciona un sabor intenso a melaza. El azúcar glass se usa principalmente para hacer glaseados y puede usarse en merengues y en salsas de fruta cuando el azúcar se tiene que disolver rápidamente. Para obtener un sabor diferente intente darle sabor a su propia azúcar. Coloque una vara de vainilla en un frasco con tapa de rosca, llene con azúcar molida, cierre la tapa y deje reposar de 2 a 3 semanas antes de usarla, tape después de usarla; o use limón sin piel o ralladura de naranja de la misma manera.

Si intenta reducir el consumo de azúcar, use las variedades sin refinar, como la granulada dorada, molida dorada, demerara sin refinar y el azúcar mascabado. Todos estos son ligeramente más dulces que sus contrapartes refinadas, por lo que necesitará usar menor cantidad. O, si lo desea, use miel de abaja clara o fructosa (azúcar de fruta) que reduce la ingestión de calorías ya que éstas son similares a las del azúcar pero al ser más dulces consumirá menor cantidad. Además sus calorías son de liberación lenta, por lo que su efecto dura más. Las frutas secas también pueden incluirse en la dieta para cubrir con las necesidades de azúcar.

LEVADURA

El aroma de un pan recién horneado produce una sensación reconfortante, y su sabor es muy diferente y superior al pan hecho comercialmente. Muchas personas piensan que la fabricación de pan es una pérdida de tiempo, pero con la llegada de la levadura de acción rápida, esto ha cambiado. Existen tres tipos de levadura en el mercado: la fresca, que se puede encontrar en el departamento de panadería de muchos supermercados (la levadura fresca se puede congelar a la perfección); levadura seca, que viene en recipientes; y la levadura de acción rápida, que viene en sobres.

La levadura fresca se debe comprar en pequeñas cantidades; es de color crema y su textura contiene un ligero olor a vino. Se debe acremar con una pequeña cantidad de azúcar y un líquido tibio antes de mezclarse con harina. La levadura seca, se puede almacenar hasta por 6 meses y viene en gránulos duros y pequeños. Se debe espolvorear sobre algún líquido tibio con una pequeña cantidad de azúcar y dejarse reposar entre 15 y 20 minutos, hasta que la mezcla espume. Si sustituye la levadura fresca por levadura seca, use 1 cucharada de la levadura seca por cada 25 g/1 oz de levadura fresca.

La levadura de acción rápida disminuye el tiempo de fabricación del pan y elimina la necesidad de fermentar el pan dos veces. Además, la levadura se puede agregar directamente a la harina sin necesitad de activarla. Al sustituir la levadura de acción rápida por levadura seca, necesitará usar el doble.

Al usar la levadura de acción rápida lo más importante que debe tener presente es que la levadura es una planta viviente que necesita alimentarse, hidratarse y calentarse para poderla trabajar.

Equipo

Actualmente cualquiera puede perderse en las secciones de enseres de cocina de algunas de las tiendas departamentales, éstas en realidad son un paraíso para los cocineros, llenas de utensilios, herramientas para cocinar y licuadoras, mezcladoras y aparatos electrónicos, con gran diseño. Si va a usarlos con frecuencia, deberá comprar los instrumentos y equipos de alta calidad, en vez de elegir los más baratos.

El equipo para cocinar no solo es útil en la cocina, sino que puede hacer toda la diferencia entre el éxito o fracaso de sus platillos. Un molde sencillo de hojalata, a pesar de ser una pieza muy básica del equipo de cocina, juega un papel esencial para hornear. También el tamaño es importante, si usa un molde demasiado grande, la mezcla se extenderá haciéndose muy delgada dando como resultado un pastel muy plano y poco apetitoso. Si en cambio, pone la mezcla muy apretada en un molde demasiado pequeño, al esponjarse se desbordará.

EQUIPO PARA HORNEAR

Para asegurarse de hornear con éxito vale la pena invertir en una selección de moldes de buena calidad que, si los cuida, le durarán por muchos años. Siga las instrucciones del fabricante antes de emplearlos y asegúrese de lavarlos y secarlos a la perfección después de usarlos y antes de guardarlos. Quizás los moldes más útiles para hornear son los de hojalata para pasteles en capas, ideales para el Panqué Victoria, el pastel genovés y el de café y nueces. Necesitará dos

moldes que por lo general miden 18 cm/7 in o 20.5 cm/8 in de diámetro y aproximadamente de 5 a 7.5cm/2-3 in de profundidad. Por lo general son antiadherentes.

Para elegir moldes profundos para pasteles, usted deberá decidir si desea comprarlos cuadrados o redondos. Varían en tamaño desde 12.5 hasta 35.5 cm/5-14 in con una profundidad entre 12.5 a 15 cm/5-6 in. Un molde para un pastel profundo del diario o pastel Madeira es indispensable; el más práctico es el de 20.5 cm/8 in.

Los moldes para panqués se pueden usar para: pan, panqués de fruta o pasteles para té y terrinas. Se presentan normalmente en dos tamaños, de 450 g/1 lb y 900 g/2 lb.

Las charolas para hornear de buena calidad son indispensables para todos los cocineros.

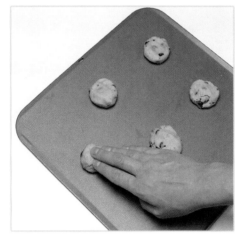

Cuando los platillos están demasiado calientes para manejarlos como el pay de manzana, deben colocarse directamente sobre charolas de hornear. Los merengues, bollos y galletas se cocinan sobre la charola. No se confunda con los moldes para rollos suizos que tienen lados, pues la charola únicamente tiene una orilla alrededor.

Los moldes cuadrados o rectangulares poco profundos para hornear son también muy útiles para hornear en charola, brownies de fudge, falpjacks o tortas y galletas batidas.

También hay moldes para panquecitos; ideales para hacer bollos pequeños, tartas de mermelada o pays pequeños; los moldes individuales para el budín de Yorkshire y moldes para bizcochos o flan. Vienen en varios tamaños.

Hay gran variedad de moldes entre los cuales puede elegir, los hay de formas diferentes que evocan diversos temas como: los árboles de navidad, números del 1 al 9 así como moldes con forma de flores; roscas (moldes con un hoyo en su centro) y moldes desmoldables, en los que se separan los lados de la base permitiendo manejar el pastel con facilidad una vez horneado.

También es recomendable tener tres o cuatro tamaños diferentes de tazones para mezclar.

Otra pieza que vale la pena tener es una rejilla de alambre para enfriar. Cuando se hornea es esencial dejar enfriar los panqués y pasteles después de sacarlos del molde.

También vale la pena invertir en una selección de charolas para asar de diferentes tamaños, ya que pueden ayudar en el baño María o para cocinar pasteles más grandes como el pan de jengibre. Se necesitan varios

moldes diferentes para hornear postres de migas, soufflés y pays. Los ramekins, o pequeños platos individuales para postre, y los tazones pequeños para budines pueden usarse en gran variedad de recetas así como los moldes pequeños para tartaletas y darioles. Al comprar sus utensilios para hornear, quizás uno de los más importantes es el rodillo. Le recomendamos el largo y delgado, que sea lo suficientemente pesado para extender la pasta fácilmente pero no tan pesado que no pueda manejarse con facilidad. Las pastas deben extenderse sobre una superficie plana. Aunque cualquier superficie plana y enharinada puede servir, una de mármol asegurará que la pasta se mantenga fresca y que la grasa no se derrita mientras se extiende. Esto ayuda a mantener la pasta ligera, crujiente y hojaldrada en vez de hacerla pesada e insípida lo cual sucede cuando la grasa se derrite antes de hornearla.

Otros utensilios básicos para las pastas son: la brochita para pastas (que se puede usar para humedecer la pasta o barnizar con un glaseado), un cortador de pasta giratorio y un colador para retirar las impurezas y cernir aire en la harina, lo cual ayuda para que la consistencia de la pasta o mezcla sea más ligera.

Los implementos básicos para mezclar también son esenciales tales como: una cuchara de madera (para mezclar y acremar) una espátula (para pasar la mezcla del tazón en que se mezcló a los moldes para hornear y para extender la mezcla una vez que esté en los moldes) y una espátula de metal ancha (para retirar los pasteles y panes de los moldes

antes de colocarlos sobre la rejilla de alambre para enfriarse). Las cucharas de medir son esenciales para dosificar con exactitud tanto los ingredientes secos como los húmedos.

EQUIPO ELÉCTRICO

Actualmente existen utensilios y equipo eléctrico que simplifican el proceso de hornear, haciéndolo más fácil y rápido. Este equipo se puede usar para acremar, mezclar, batir, revolver y amasar, picar y rebanar. Hay gran variedad de máquinas disponibles en el mercado desde las básicas hasta las más sofisticadas.

PROCESADORES DE ALIMENTOS

Lo primero que tiene que hacer es decidir lo que busca en su procesador. Si es un novato en la cocina, quizás sea un desperdicio tener una máquina que ofrece una amplia gama de implementos y funciones, ya que no se usaría la máquina al máximo.

En general, el estilo y diseño de un producto va relacionado con su precio, entre más caro sea, éste será más grande, tendrá un tazón con más capacidad y más implementos incluidos. Actualmente un aparato puede: picar, desmenuzar, rebanar, cortar, mezclar, hacer puré, amasar, batir y acremar cualquier cosa. Sin embargo, ¿cuáles son las características básicas que debe buscar en su máquina para decidir cuál comprar?

Al comprar un procesador de alimentos busque uno que tenga las medidas marcadas en el tazón y que la máquina cuente con un tubo de llenado que permita agregar el producto o liquido mientras el motor continúa funcionando. Busque máquinas que pueden aumentar la capacidad del tazón (ideales para hacer sopas) y que tienen un botón para pulsar y controlar el picado.

Para muchas personas el almacenamiento es una cuestión que debe tenerse en cuenta, por lo que los discos reversibles y almacenamiento plegable pueden ser muy útiles; así como otros modelos más novedosos que cuentan con un compartimiento o caja para almacenar las cuchillas.

También debe considerar las máquinas que tienen otros aditamentos, que pueden comprarse a medida que cambien sus necesidades para cocinar. Existen tazones pequeños para picar pequeñas cantidades. Si le preocupa el tiempo, los aditamentos que pueden lavarse en la lavadora de platos, son de vital importancia. Los exprimidores de cítricos, licuadoras y batidores pueden ser muy útiles para el cocinero.

LICUADORAS

Las licuadoras a menudo vienen como un aditamento de los procesadores de alimentos y por lo general se usan para licuar y hacer purés. Existen dos tipos básicos de licuadoras. El primero se conoce como licuadora de mesa. Las cuchillas de esta licuadora están en la parte inferior del vaso y tiene señaladas las medidas en los lados. El otro tipo es la portátil; es manual y debe colocarse en un tazón para mezclar.

BATIDORAS

Son ideales para mezclar pasteles y amasar harina, ya sea como una mezcladora de mesa o manual. Ambas son muy útiles y se basan en el mismo principio de mezclar o batir en un tazón abierto para permitir que entre más aire en la mezcla y así dar una textura más ligera.

Las batidoras de mesa se pueden sostener por sí mismas y dan cabida a grandes cantidades de la mezcla. Son máquinas fuertes, capaces de manejar fácilmente la masa y mezclas para pasteles pesados, así como batir crema, claras de huevos o pasteles sencillos. Estas batidoras también tienen una gran variedad de implementos para realizar funciones de: licuadoras, picadores, exprimidores, abrelatas y muchos otros.

Las batidoras manuales son más pequeñas que las de mesa y a menudo vienen con su propio tazón y pie desmontables para poder usarse manualmente. Son de cabeza motorizada y tienen dos batidores desmontables. Estos batidores son particularmente versátiles ya que no tienen que usarse con un tazón especial para batir. Se pueden usar en cualquier recipiente.

Técnicas Básicas

No existe ningún misterio en cuanto al horneado con éxito. Es tan fácil que solo debe seguir algunas reglas y lineamientos sencillos. Primero, lea la receta completa antes de comenzar. No hay nada más frustrante que llegar a la mitad de la receta y descubrir que le falta uno o dos de los ingredientes. Hasta que tenga confianza siga una receta, no trate de saltarse ningún paso pues al final puede resultar contraproducente y la receta no funcionará. Lo más importante es que tenga paciencia, hornear es fácil. Si usted sabe leer, sabe hornear.

FABRICACIÓN DE PASTAS

Las pastas deben mantenerse lo más frescas posible todo el tiempo. Las manos frías ayudan, pero no son esenciales. Use agua fría o con hielo, pero no demasiada, ya que la pasta no necesita estar mojada. Asegúrese de que la grasa que utilice no esté derretida o líquida sino firme (por eso la grasa en bloque es la mejor). Evite usar demasiada harina al extender sus pastas porque esto altera la proporción y evite amasar la pasta demasiado. Extienda en una sola dirección, esto asegurará que la pasta no se encoja. Déjela reposar, de preferencia en el refrigerador, después de extenderla. Si sigue estos lineamientos pero aún su pasta no es tan buena como debería serlo, revise su procedimiento.

FORRANDO UN MOLDE

Es muy importante elegir el molde adecuado para hornear. A menudo encontrará que un molde de metal con base desmontable es la mejor opción ya que conduce el calor más eficiente y uniformemente que un plato de cerámica. Además tiene la ventaja adicional de que puede retirar su base, facilitando así el proceso de sacar del molde la tarta o flan; únicamente debe retirarlo dejando así su pasta intacta.

Extienda la pasta sobre una superficie ligeramente enharinada, asegurándose de que quede un poco más grande que el molde que vaya a usar. Enrolle la pasta sobre el rodillo, levante y coloque en el molde. Forre cuidadosamente la base y lados del molde, asegurándose de que no se rompa o tense. Deje reposar unos minutos, corte la orilla ya sea con un cuchillo filoso o pasando el rodillo sobre la orilla del molde.

HORNEADO EN BLANCO

El término horneado en blanco se refiere a que la pasta necesita cocinarse sin el relleno, obteniendo así una costra de pasta crujiente que esté parcial o totalmente cocida, dependiendo si el relleno necesita cocerse. La costra de pasta puede prepararse con anticipación ya que dura varios días si se almacena adecuadamente en un recipiente hermético o durante más tiempo si se congela.

Para hornear en blanco, cubra un molde con la pasta preparada y permita reposar en el refrigerador durante 30 minutos. Esto minimizará el encogimiento mientras se cocina. Retire del refrigerador y pique ligeramente toda la base con un tenedor (no haga esto si el relleno es líquido). Barnice con un poco de huevo batido, si lo desea, o simplemente coloque sobre la pasta un cuadro grande de papel encerado, lo suficientemente grande para tapar tanto la base como los lados del molde. Cubra con frijoles de hornear hechos de cerámica o con frijoles crudos. Coloque sobre una charola de hornear y hornee en un horno precalentado, por lo general a 200°C/ 400°F, recordando que los hornos pueden tomar por lo menos 15 minutos para alcanzar esta temperatura. Cocine de 10 a 12 minutos, retire del horno, deseche el papel y los frijoles. Vuelva a colocar en el horno y continúe cociendo de 5 a 10 minutos más, dependiendo si el relleno debe cocerse. Por lo general, a menos que se diga de otra manera, también es recomendable hornear en blanco los moldes individuales para pasta de tartaleta.

CUBRIENDO UN MOLDE PARA PAY

Para cubrir un molde para pay, extienda la pasta hasta que quede 2 pulgadas/ 5 cm más grande que la circunferencia del molde. Corte una tira de 2.5 cm/1 in alrededor de la orilla de la pasta y humedezca los lados del molde que vaya a usar. Coloque la tira sobre los lados del molde y barnice con agua o huevo batido.

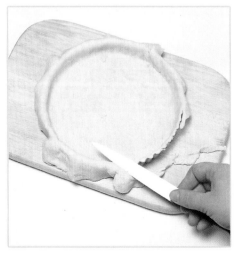

Rellene el molde de pay hasta que la superficie esté ligeramente abultada. Usando un rodillo, levante la pasta restante y cubra el molde. Presione para unir con las tiras laterales y selle. Usando un cuchillo filoso, recorte cualquier exceso de pasta que salga de las orillas. No barnice las orillas de la pasta, especialmente cuando se trate de pasta de hojaldre ya que esto no permitirá que se eleve uniformemente. Antes de meter al horno haga un pequeño orificio en el centro del pay para dejar escapar el vapor.

Las orillas del pay pueden presionarse con el reverso de un tenedor alrededor de la orilla o darle forma con el dedo pulgar e índice de su mano derecha mientras que empuja en el centro con el índice de su mano izquierda. Otras formas de terminar un pay es presionando, (para lograrlo debe empujar suavemente su dedo índice sobre la orilla, apretando horizontalmente al mismo tiempo con un cuchillo dándole así una apariencia de escamas); o rizando las orillas al presionar con su dedo pulgar sobre la orilla de la pasta mientras jala ésta con un cuchillo cada 1 cm/½ in (para formar ondas pequeñas); repitiendo la operación en todo el rededor. Trate de adornar con hojas y moras hechas con los restos de pasta para decorar el pay. Barnice la superficie con huevo batido.

PREPARANDO MOLDES PARA PASTEL

Si una receta aclara que el molde debe forrarse no intente ignorarlo. Los pasteles de frutas y otros pasteles que tardan en cocinarse se benefician al cubrir el molde para que las orillas y la base no se quemen ni resequen. El papel encerado o papel para hornear es ideal para esto. Es buena idea doblar el papel por lo menos en dos capas, o hasta en 3 ó 4 capas. Los pasteles esponjosos y otros pasteles que se cocinan en 30 minutos o menos, también quedarán mejor si la base está forrada y será mucho más fácil desmoldarlos.

La mejor forma de forrar un molde redondo o cuadrado es dibujarlo ligeramente sobre la base y después cortar solo el interior de las marcas para que así se pueda poner fácilmente en el molde. Posteriormente engrase ligeramente el papel con aceite para que pueda retirarlo fácilmente del pastel. Si los lados del molde también se deben forrar, entonces corte una tira de papel lo suficientemente larga para cubrirlos. Esto se puede medir con un trozo de hilo alrededor del molde. Una vez más, engrase ligeramente el papel, coloque en el molde por la parte engrasada para detener el papel en los lados y aceite una vez más para que el pastel no se pegue. Los pudines cocidos al vapor por lo general solo necesitan un disco de papel encerado en la base del molde ya que los lados salen con facilidad.

CONSEJOS PARA HORNEAR CON ÉXITO

Asegúrese de medir los ingredientes con exactitud. Si un pastel lleva demasiada harina o pocos huevos saldrá seco y grumoso. Ponga cuidado al medir el polvo de hornear si lo usa, ya que si pone demasiado el pastel se levantará demasiado rápido y después se hundirá. Si pone muy poco el pastel no se levantará.

Asegúrese de precalentar el horno a la temperatura adecuada, puede tomar 10 minutos para llegar a 180°C/350°F. Un termómetro para horno es una buena adquisición. Los pasteles se hornean mejor en el centro del horno precalentado. Evite la tentación de abrir el horno al principio del cocimiento ya que la corriente puede sumirlo. Si usa un horno con ventilador, revise las instrucciones del fabricante ya que por lo general cocinan de 10 a 20° más alto que los hornos convencionales.

Revise que el pastel esté totalmente cocido retirándolo del horno e insertándole un palillo limpio durante 30 segundos y retírelo. Si el palillo sale totalmente limpio, el pastel está listo, si se le pega un poco de la mezcla vuelva a meter al horno unos minutos.

Otros problemas que puede tener al hornear pasteles se presentan cuando no acremó lo suficiente la grasa con el azúcar o hizo una mezcla con grumos (lo cual dará como resultado una textura pesada y a menudo un pastel demasiado duro). Si no se ha incorporado la harina con sumo cuidado o no se le ha agregado el suficiente polvo de hornear también puede salir demasiado duro. Es muy importante asegurarse del tamaño indicado del molde que se va a usar ya que si no usa el adecuado puede obtener un pastel delgado y duro o uno que se escurra sobre la orilla. Otro consejo que debe tener presente (en especial cuando se cocina con fruta) es que si la consistencia es demasiado suave, el pastel no podrá aguantar la fruta.

Por último, cuando saque el pastel del horno (a menos que la receta diga que lo deje en el molde hasta enfriar) deje unos minutos en el molde, suelte las orillas y voltee sobre una rejilla de alambre para enfriar. Los pasteles que se dejan enfriar en el molde demasiado tiempo, a menos que así lo especifique la receta, tienden a sumirse o sobre cocerse.

Cuando lo guarde, asegúrese de que el pastel esté totalmente frío antes de colocarlo en un molde de hojalata o recipiente de plástico hermético.

Explicación de Términos Culinarios

ÁCIMO Se refiere a un pan que no tiene agentes elevadores y por lo tanto permanece plano, como es el caso del pan naan de la India.

ACREMAR El método por el cual se bate la grasa con el azúcar hasta aclararla y esponjarla. Al acremar la grasa en las mezclas para pasteles, se le incorpora aire en el contenido bastante alto de grasa, aligerando de esta forma la textura de los pasteles y pudines.

AMASAR El proceso por el cual se casca y trabaja una masa para fortalecer el gluten contenido en la harina y haciéndola más elástica, dándole así una buena elevación. También se aplica a la fabricación de pasta; la masa debe amasarse sobre una superficie ligeramente enharinada para hacerla elástica y suave, esto hace que se extienda más fácilmente y da la seguridad de obtener una consistencia más uniforme una vez horneada. En ambos casos se amasa llevando la parte exterior de la masa hacia el centro.

BAÑO MARÍA Un término francés, que significa baño de agua. Se pone agua hasta la mitad de un molde poco profundo, a menudo para asar. Se colocan dentro de él platos más pequeños con alimentos, permitiendo así cocer a temperaturas muy bajas sin sobre calentar. Este método se usa con frecuencia para cocinar natillas y otros platillos con huevo o para mantenerlos calientes.

BATIDO El método por el cual se introduce aire a la mezcla usando un tenedor, cuchara de madera, batidor globo o batidora eléctrica. Este método también se usa para suavizar ingredientes.

BATIR/MEZCLAR El término dado para incorporar aire rápidamente a una mezcla (ya sea con batidora manual o eléctrica).

BICARBONATO DE SODIO Actúa como agente elevador en el horneado al combinarlo con algún líquido.

BRIOCHE Un pan tradicional de Francia que se come en el desayuno y que por lo general se sirve caliente. El brioche tiene una textura deliciosa, parecida al pan. Contiene levadura y se hornea dándole la forma de una bola grande con otra pequeña por encima. Es un sustituto delicioso para el pan en el budín de pan y mantequilla.

CARAMELO Se obtiene al calentar azúcar a muy baja temperatura hasta convertirse en líquido café oscuro. Se usa en platillos como la créme caramel, que a su vez, se hornea en baño maría.

CENTÍGRADO Esta es una escala para medir la temperatura del horno (también conocida como Celsius).

CERNIR Agitar ingredientes secos (en especial harina) a través de una coladera de metal o nylon para retirar impurezas antes de usarla para hornear.

COCOTTE Otro nombre para los ramekins (platos de postre individuales hechos de cerámica térmica).

CONSISTENCIA DE CAIDA La consistencia que alcanza un pastel o mezcla de pudín antes de enfriarse. Tiende a ser bastante suave (pero no líquida) y debe caer de una cuchara aproximadamente en cinco segundos al tocar ligeramente sobre el lado de un tazón.

CORTAR Cuando la leche se separa de una salsa por medio de acidez o calor excesivo. Esto puede suceder con mezclas

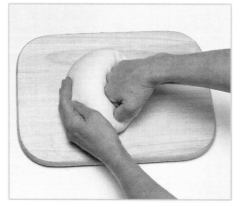

de pasteles de crema que se han separado por agregar huevos demasiado fríos o muy rápido.

CREMOR TÁRTARO Otro agente elevador a menudo presente en la harina leudante y polvo para hornear.

CHOUX Un tipo de pasta (más bien una masa brillante) con la que se hacen bolitas pequeñas sobre una charola de hornear la cual se hornea hasta que esté ligera y llena de aire. Después se llena con crema o algún relleno de sabor.

DARIOLE Un molde pequeño y delgado con lados ondulados que se usa para hacer Magdalenas. Los darioles también se pueden usar para hornear o cocer pudines al vapor o jaleas individuales.

DECORAR CON DUYA La forma de decorar pasteles y postres, o el método por el cual se da forma a la pasta de choux colocándola sobre una charola de hornear. Esto se logra al poner crema, azúcar glass o alguna otra mezcla dentro de una manga o bolsa de plástico (con una boquilla) y presionando lentamente para que la crema salga a través de la boquilla o duya y caiga sobre un pastel o charola de hornear.

EN CROUTE Término empleado para describir alimentos cubiertos con pasta cruda horneada.

EN PAPILLOTE Un término francés empleado para describir alimentos horneados envueltos en papel encerado o papel aluminio para hornear antes de cocerlos. Este método se recomienda para pescados ya que el aroma de las diferentes hierbas o especias y el pescado permanecen durante el cocimiento y no salen hasta que se abre el trozo de papel.

ENVOLVER El método por el cual se combina la grasa acremada y azúcar con harina en una mezcla de pastel o pudín por lo general mezclando cuidadosamente con una cuchara grande de metal, ya sea cortando y doblando, o haciendo una figura en forma de ocho para mantener una textura ligera.

ESPOLVOREAR Proporcionar una cobertura a los alimentos (por lo general de harina o azúcar). Se puede espolvorear con harina la superficie donde se va a extender la pasta y los pasteles. Las galletas se pueden espolvorear con azúcar o azúcar glass después de hornear.

FERMENTACIÓN El término usado en la fabricación de pan, es lo que permite al pan elevarse después de haber sido amasado para darle forma y horneado posteriormente.

FERMENTAR Un término usado durante la fabricación de pan, cerveza o vino para nombrar el cambio químico causado por el uso de un agente fermentador, como la levadura.

FILO Un tipo de pasta tipo hojaldre. Por lo general se usan tres o cuatro hojas en el momento de hornear.

GLACÉ Término francés que significa glaseado o espolvoreado con azúcar. El glaseado es un betún a menudo usado para decorar pasteles y bizcochos. Se hace usando azúcar glass y agua tibia.

HORNEAR EN BLANCO El método usado a menudo para cocinar las costras para flanes o tartaletas antes de rellenarlas. Después de cubrir un molde con la pasta cruda se pone una hoja de papel encerado o papel para hornear y sobre éste algunos pequeños objetos pesados, ya sean frijoles de cerámica para hornear o frijoles crudos; y se hornea siguiendo las instrucciones de la receta.

INTEGRAR El método por el cual se combina la grasa con harina para hacer cubiertas en forma de migas, pastas de costras delgadas, galletas y scones.

LICUADORA Una máquina eléctrica con cuchillas rotativas usada principalmente con ingredientes suaves y líquidos para hacer puré y licuar, aunque puede moler ingredientes secos como nueces o migas de pan.

LIGAR Agregar líquido o huevo para unir una mezcla seca. Normalmente esto se hace usando un tenedor, cuchara o sus dedos.

MAICENA Un término americano para designar la fécula de maíz que se usa para espesar la consistencia de cualquier líquido. También puede usarse al hacer merengue para evitar que se endurezca y se haga quebradizo volviéndolo así más chicloso.

MASA Una mezcla densa de harina, agua y a menudo levadura. También se usa para describir pasta cruda y mezclas para scones y galletas.

MEZCLAR Los ingredientes secos se mezclan con uno líquido para formar una pasta suave antes de agregar un líquido hirviendo, que se usa para espesar diferentes platillos como cocidos, sopas y salsas.

MIGA El término empleado para combinar harina y grasa que se usa generalmente en pastas, crumbles y galletas.

MOLER Reducir de tamaño ingredientes duros, como nueces en migas, normalmente usando un molino o mortero con mano.

ONDEAR El término dado a un tipo de decoración para pays logrado por cortes horizontales hechos en la pasta que después se jala con el cuchillo produciendo así un efecto de onda.

ONDULADO El efecto ondulado que se usa para decorar pays y tartas creado al moldear la orilla de la costra entre los dedos índice y pulgar de su mano derecha contra la orilla y empujando suavemente con el dedo índice de su mano izquierda.

PAPEL DE ARROZ Este papel comestible se hace del jugo de un árbol chino y se puede usar como base para hornear pasteles pegajosos y galletas como los macarrones de almendra.

PAPEL ENCERADO Papel que tiende a ser antiadherente y que se usa para forrar moldes y así evitar que los pasteles o pudines se peguen.

PAPEL PARA HORNEAR Usado para envolver alimentos que deben cocerse (en papillote) y para cubrir moldes, evitado así que los pasteles se peguen.

PASTA DE HOJALDRE Probablemente la pasta más deliciosa. Para hacerla, se requiere de un manejo delicado desde el principio.

PASTEURIZAR El término dado cuando se calienta leche y huevos para destruir sus bacterias.

POLVEAR Espolvorear ligeramente, a menudo con harina, azúcar o azúcar glass.

POLVO PARA HORNEAR Un agente elevador que trabaja al producir dióxido de carbono como consecuencia de una reacción causada por los ingredientes ácidos y alcalinos que se expanden durante el proceso de horneado y hacen que los pasteles o panes se esponjen.

RALLADURA Trozos muy delgados y largos de la parte colorida de la ralladura de naranja, limón o limón sin semilla que contiene aceite de fruta. Esto proporciona un sabor a cítrico. Por lo general, se usa un rallador para retirar la cáscara sin llegar a la parte amarga de color blanco. (Mondar se refiere a la piel rallada con un rallador obteniendo trozos pequeños.)

RAMEKIN Un plato pequeño de cerámica térmica que se usa para porciones individuales.

ROMPER El término usado para una segunda amasada después de haber dejado esponjar la masa. Esto se hace para asegurar una textura uniforme y para dispersar las bolsas grandes de aire.

VOLOVÁN Al traducirlo significa volar o flotar en el viento. Este pequeño pastelito por lo general redondo u ovalado de pasta de hojaldre se hornea y después se llena con un relleno de carne, mariscos o vegetales condimentados en una salsa.

Tarta de Robalo Ahumado

1 Precaliente el horno a 190° C/ 375° F. Cierna la harina y sal en un tazón grande. Agregue las grasas y mezcle ligeramente. Usando las yemas de sus dedos, integre la harina hasta que la mezcla parezca migas de pan.

2 Agregue 1 cucharada de agua fría a la mezcla y junte la masa con ayuda de una raspa. (Quizás tenga que usar sus manos para el paso final.) Si no puede hacer una bola inmediatamente con la masa agregue un poco más de agua.

3 Coloque la masa en una bolsa de plástico y refrigere por lo menos durante 30 minutos.

4 Extienda la masa sobre una superficie ligeramente enharinada y forre un molde para quiche o tarta de 18 cm/7 in ligeramente engrasado. Pique su base con un tenedor y hornee en blanco en el horno precalentado durante 15 minutos.

5 Retire del horno cuidadosamente, barnice con una pequeña cantidad de huevo batido.

6 Vuelva a meter al horno por 5 minutos más, posteriormente coloque el pescado sobre la costra de pasta.

7 Para hacer el relleno, bata los huevos con la crema. Agregue la mostaza, pimienta negra y queso; coloque sobre el pescado.

8 Adorne con el cebollín y hornee de 35 a 40 minutos o hasta que el relleno esté dorado y firme en el centro. Sirva caliente o frío acompañando con las rebanadas de jitomate y hojas de lechuga.

Dato Culinario

El robalo es una buena fuente de proteínas baja en grasa ya que contiene vitamina B6 y B12 así como niacina. Si es posible, compre robalo sin secar que es ligeramente más caro.

INGREDIENTES
Rinde 6 porciones

PASTA PARA COSTRA DELGADA:
150 g/5 oz de harina simple
1 pizca de sal
25 g/1 oz de manteca de puerco o manteca vegetal, cortada en cubos pequeños
40 g/1½ oz de mantequilla o margarina firme, cortada en cubos pequeños

PARA EL RELLENO:
225 g/8 oz de robalo ahumado, sin piel y en cubos
2 huevos grandes, batidos
300 ml/½ pt de crema dulce para batir
1 cucharadita de mostaza Dijon
pimienta negra recién molida
125 g/4 oz de queso Gruyere, rallado
1 cucharada de cebollín fresco

PARA SERVIR:
rebanadas de limón
rebanadas de jitomate
hojas frescas de ensalada verde

Quiche de Stilton, Jitomate y Calabacitas

1 Precaliente el horno a 190° C/ 375° F. Sobre una superficie ligeramente enharinada, extienda la pasta y úsela para forrar un molde para quiche o tartaleta de 18 cm/ 7 in ligeramente engrasado con aceite, cortando el exceso de pasta con un cuchillo.

2 Pique la base con un tenedor y hornee en blanco en el horno precalentado durante 15 minutos. Retire la pasta del horno y barnice con huevo batido. Vuelva a meter al horno 5 minutos más.

3 Caliente la mantequilla en una sartén para freír y fría suavemente la cebolla y las calabacitas 4 minutos hasta que se suavicen y empiecen a dorar. Coloque en la costra de pasta.

4 Cubra las calabacitas uniformemente con el queso Stilton y los jitomates cereza. Bata los huevos con la crema ácida o crème fraîche y sazone al gusto con sal y pimienta.

5 Coloque el relleno sobre la costra de pasta. Hornee de 35 a 40 minutos, o hasta que el relleno esté dorado y firme en el centro. Sirva el quiche caliente o frío.

INGREDIENTES
Rinde 4 porciones

1 tanto de pasta para costra delgada
  (vea página 16)
25 g/1 oz de mantequilla
1 cebolla, sin piel y finamente picada
1 calabacita, limpia y rebanada
125 g/4 oz de queso Stilton,
  desmoronada
6 jitomates cereza, en mitades
2 huevos grandes, batidos
200 ml de crema ácida o crème fraîche
sal y pimienta negra recién molida

Dato Culinario

El queso Stilton es un tradicional queso inglés que a menudo aparece sobre una tabla de quesos o se sirve con el almuerzo de los campesinos. Gran parte de su fuerte sabor proviene de sus venas (creadas por los alambres de fierro que se insertan en el queso durante el proceso de maduración). Vale la pena buscar un trozo de queso Stilton con muchas venas, el cual habrá madurado durante más tiempo.

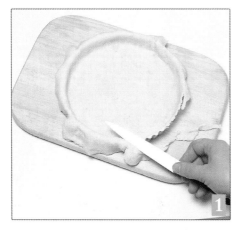

Tarta Francesa de Cebolla

1 Precaliente el horno a 200° C/ 400° F. Coloque la mantequilla en el congelador durante 30 minutos. Cierna la harina con la sal sobre un tazón grande. Retire la mantequilla del congelador y ralle usando la parte gruesa de un rallador, cubriendo la mantequilla con harina de vez en cuando, ya que esto simplifica su rallado.

2 Mezcle la mantequilla con la harina, usando un cuchillo, asegurándose de que toda la mantequilla esté totalmente cubierta con harina.

3 Agregue 2 cucharadas de agua fría y continúe mezclando y uniendo la mezcla. Use sus manos para terminar de mezclar. Agregue un poco más de agua si la necesita para limpiar bien el tazón. Coloque la pasta en una bolsa de plástico y refrigere 30 minutos.

4 Caliente el aceite en una sartén grande para freír, fría las cebollas 10 minutos, moviendo ocasionalmente hasta suavizar.

5 Integre el vinagre de vino blanco y el azúcar. Aumente el calor y mezcle con frecuencia, de 4 a 5 minutos más, hasta que las cebollas se tornen de un color caramelo oscuro. Cocine otros 5 minutos, reserve y deje enfriar.

6 Extienda la pasta sobre una superficie ligeramente enharinada formando un círculo de 35.5 cm/14 in. Envuelva alrededor de un rodillo y pase el círculo a una charola de hornear.

7 Espolvoree la mitad de queso sobre la pasta, dejando una orilla de 5 cm/2 in alrededor de la pasta, coloque cucharadas de las cebollas caramelizadas sobre el queso.

8 Doble las orillas de la pasta sobre la orilla del relleno para formar un borde. Barnícelo con el huevo batido o leche.

9 Sazone al gusto con sal y pimienta. Espolvoree con el queso Cheddar restante y hornee de 20 a 25 minutos. Pase a un plato grande y sirva de inmediato.

INGREDIENTES
Rinde 4 porciones

PASTA HOJALDRADA RÁPIDA:
125 g/4 oz de mantequilla
175 g/6 oz de harina simple
1 pizca de sal

PARA EL RELLENO:
2 cucharadas de aceite de oliva
4 cebollas grandes, sin piel y finamente rebanadas
3 cucharadas de vinagre de vino blanco
2 cucharadas de azúcar mascabado
1 huevo ligeramente batido o leche
175 g/6 oz de queso Cheddar, rallado
sal y pimienta negra recién molida

Consejo Sabroso

Para logra un sabor a nuez más suave, sustituya el queso Cheddar por queso Gruyere y ralle un poco de nuez moscada sobre la capa de queso en el paso 7.

Tatin de Chirivía o Camote

1 Precaliente el horno a 200° C/ 400° F. Caliente la mantequilla en una sartén para freír de 20.5 cm/ 8 in.

2 Agregue las chirivías o camotes, acomodando la parte cortada hacia abajo y las puntas delgadas hacia el centro.

3 Espolvorée las con azúcar y cocine 15 minutos.

4 Agregue el jugo de manzana y cuando suelte el hervor, retire del calor.

5 Extienda la pasta sobre una superficie ligeramente enharinada, córtela un poco más grande que la sartén para freír.

6 Coloque la pasta sobre las chirivías o camotes y presione ligeramente para detenerlas.

7 Hornee de 20 a 25 minutos, hasta que las chirivías o camotes y la pasta se doren.

8 Coloque un platón caliente invertido sobre la sartén. Voltee para colocar la tarta sobre el platón. Sirva de inmediato.

Dato Culinario

En muchas zonas de Europa las chirivías no son populares. De hecho, en Italia son comida para puercos. Sin embargo, las chirivías son un alimento fabuloso de invierno, en especial cuando se hacen puré con papas.

Consejo Sabroso

Este platillo es delicioso si se sirve caliente acompañado de una ensalada griega. El queso Feta es uno de los ingredientes principales de la ensalada griega y, debido a su sabor salado, es delicioso al combinarse con el sabor cremoso de las chirivías.

INGREDIENTES
Rinde 4 porciones

1 tanto de pasta para costra delgada (vea página 16)

PARA EL RELLENO:
50 g/2 oz de mantequilla
8 chirivías o camotes pequeños, sin piel y en mitades
1 cucharada de azúcar morena
75 ml/3 fl oz de jugo de manzana

Galettes de Ajo y Hongos Silvestres

1 Precaliente el horno a 220° C/ 425° F. Extienda la pasta sobre una superficie ligeramente enharinada hasta dejarla muy delgada.

2 Corte 6 círculos de 15 cm/6 in y coloque sobre una charola de hornear ligeramente engrasada con aceite.

3 Rebane la cebolla finamente, divida en anillos y reserve.

4 Rebane finamente el chile. Rebane el ajo en rebanadas sumamente delgadas. Agregue las cebollas y reserve.

5 Sacuda o enjuague ligeramente los hongos. Parta los hongos grandes a la mitad o en cuartos y deje los pequeños enteros.

6 Caliente la mantequilla en una sartén para freír y saltee la cebolla, chile y ajo suavemente 3 minutos. Agregue los hongos y cocine 5 minutos, o hasta que empiecen a suavizarse.

7 Agregue el perejil a la mezcla de hongos y escurra el exceso de líquido.

8 Apile la mezcla de hongos sobre los círculos de pasta dejando una orilla de 5 mm/¼ in. Acomode el queso mozzarella rebanado sobre los hongos.

9 Hornee en el horno precalentado de 12 a 15 minutos, o hasta dorar. Sirva con los jitomates y ensalada.

INGREDIENTES
Rinde 6 porciones

1 tanto de pasta hojaldrada rápida (vea página 20), fría
1 cebolla, sin piel
1 chile rojo, sin semillas
2 dientes de ajo, sin piel
275 g/10 oz de hongos mixtos, como: oyster, chestnuts, morillas, cepas y chanterelles
25 g/1 oz de mantequilla
2 cucharadas de perejil recién picado
125 g/4 oz de queso mozzarella, rebanado

PARA SERVIR:
jitomates cereza
hojas mixtas de ensalada verde

Consejo

Actualmente muchos supermercados tienen una gran variedad de hongos silvestres que pueden usarse para esta receta. Es importante mantener todo el sabor de los hongos, por lo que no debe pelarlos a menos que se vean viejos o duros. Si estuvieran sucios de tierra puede enjuagarlos ligeramente o limpiarlos; desprenda los tallos y úselos.

Pay de Carne de Res y Vino Tinto

1 Precaliente el horno a 200° C/ 400° F. Revuelque los cubos de carne de res en harina sazonada.

2 Caliente el aceite en una sartén grande y gruesa. Fría la carne en tandas aproximadamente por 5 minutos hasta dorar.

3 Vuelva a poner toda la carne de res en la sartén y agregue las cebollas, ajo y tomillo. Fría aproximadamente 10 minutos, moviendo de vez en cuando. Si la carne empieza a pegarse, agregue un poco de agua.

4 Agregue el vino tinto y el consomé; hierva. Integre la salsa inglesa, salsa de jitomate y hojas de laurel.

5 Tape y hierva a fuego lento 1 hora o hasta que la carne esté suave.

6 Caliente la mantequilla y saltee suavemente los champiñones hasta dorar. Integre con la carne. Hierva a fuego lento sin tapar durante 15 minutos más. Retire las hojas de laurel. Pase cucharadas de la carne a un plato para pay de 1 litro/2 pts y reserve.

7 Extienda la pasta sobre una superficie ligeramente enharinada. Corte la tapa 5 mm/ ¼ in más grande que el plato. Barnice la orilla con huevo batido y coloque la tapa de pasta para cubrir. Presione, selle y golpee sobre la orilla con el dorso de un cuchillo.

8 Haga un corte en la tapa y barnice con el huevo batido o leche para barnizar. Hornee en el horno precalentado 30 minutos, o hasta dorar. Adorne con la rama de perejil chino y sirva de inmediato.

Consejo

En esta receta también se puede usar pasta pasta de hojaldre para cubrir el pay. Sin embargo, sea cual fuere la pasta que utilice, es importante barnizarla con huevo batido o leche antes de hornear, ya que esto dará un brillo apetitoso a su costra.

INGREDIENTES
Rinde 4 porciones

1 tanto de pasta de hojaldre rápida (vea página 20), fría

700 g/1½ lb de carne de res para guisar, en cubos

4 cucharadas de harina simple sazonada

2 cucharadas de aceite de girasol

2 cebollas, sin piel y picadas

2 dientes de ajo, sin piel y machacados

1 cucharada de tomillo recién picado

300 ml/½ pt de vino tinto

150 ml/¼ pt de consomé de res

1 ó 2 cucharaditas de salsa inglesa

2 cucharadas de salsa catsup

2 hojas de laurel

un trozo de mantequilla

225 g/8 oz de champiñones

huevo batido o leche, para glasear

1 rama de perejil chino, para adornar

Cordero Marroquí con Duraznos

1 Precaliente el horno a 190° C/ 375° F. Muela el jengibre, ajo, cardamomo y comino en un mortero, hasta formar una pasta. Caliente 1 cucharada del aceite en una sartén grande para freír. Fría la pasta de especias 3 minutos, retire y reserve.

2 Agregue el aceite restante y fría el cordero por tandas de aproximadamente 5 minutos, hasta que se dore. Vuelva a poner el cordero en la sartén y agregue las cebollas y la pasta de especias. Fría 10 minutos, moviendo de vez en cuando.

3 Agregue los jitomates picados, tape y hierva a fuego lento 15 minutos. Agregue los chabacanos y habas; hierva a fuego lento 15 minutos más.

4 Engrase ligeramente con aceite un molde de resorte para pastel de 18 cm/7 in. Ponga una hoja de pasta filo en la base del molde, dejando que el sobrante cuelgue por los lados. Barnice con la mantequilla derretida, ponga otras cinco capas de pasta en el molde barnizando cada una con mantequilla.

5 Coloque cucharadas del relleno en el molde y aplane la superficie. Coloque la mitad de las hojas filo sobrantes, una vez más barnizando cada una con mantequilla. Doble la pasta sobrante sobre el relleno. Barnice la hoja restante con mantequilla, arrugue y coloque sobre el pay para que esté totalmente cubierto. Barnice con mantequilla derretida una vez más.

6 Hornee en el horno precalentado 45 minutos, reserve 10 minutos. Abra el resorte del molde y retire el pay. Espolvoree con la nuez moscada, adorne con las ramas de eneldo y sirva.

INGREDIENTES
Rinde 6 porciones

5 cm/2 in de jengibre, sin piel y rallado

3 dientes de ajo, sin piel y machacados

1 cucharadita de cardamomo molido

1 cucharadita de comino molido

2 cucharadas de aceite de oliva

450 g/1 lb de filete de pescuezo de cordero, en cubos

1 cebolla morada grande, sin piel y picada

1 lata de 400 g de jitomates picados

125 g/4 oz de chabacanos confitado, picados

1 lata de 400 g de habas, drenadas

7 hojas grandes de pasta filo

50 g/2 oz de mantequilla, derretida

1 pizca de nuez moscada

hojas de eneldo para adornar

Dato Culinario

La pasta filo se vende en hojas sumamente delgadas y se puede encontrar en supermercados y tiendas de abarrotes o en delicatessen.

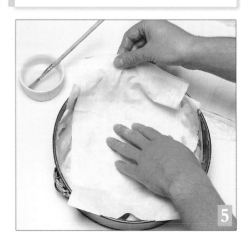

Empanadas de Tocino, Hongos y Queso

1 Precaliente el horno a 200° C/ 400° F. Caliente el aceite de oliva en una sartén grande para freír.

2 Agregue los champiñones y tocino. Fría de 6 a 8 minutos hasta dorar. Integre el perejil, sazone al gusto con sal y pimienta; deje enfriar.

3 Extienda la pasta sobre una superficie ligeramente enharinada para adelgazarla y hacer un cuadro de 30.5 cm/12 in. Corte la pasta en 4 cuadros iguales.

4 Integre el queso Emmenthal rallado a la mezcla de champiñones. Ponga un cuarto de la mezcla sobre la mitad de cada cuadro.

5 Barnice las orillas del cuadro con un poco de huevo batido.

6 Doble la pasta para formar una empanada triangular. Selle las orillas y coloque sobre una charola de horno ligeramente engrasada con aceite. Repita hasta terminar con todos los cuadros.

7 Haga ligeras marcas con un cuchillo en la superficie de la pasta.

8 Barnice las empanadas con el huevo batido restante y cocine en el horno precalentado 20 minutos o hasta que se esponjen y doren.

9 Sirva calientes o frías, adornando con las hojas de lechuga. Acompañe con los jitomates.

INGREDIENTES
Rinde 4 porciones

1 cucharada de aceite de oliva
225 g/8 oz de setas limpias y picadas toscamente
225 g/8 oz de tocino picado toscamente
2 cucharadas de perejil recién picado
sal y pimienta negra recién molida
350 g/12 oz pasta de hojaldre, descongelada
25 g/1 oz de queso Emmenthal, rallado
1 huevo mediano, batido
hojas para ensalada como arúgula o berros, para adornar
jitomates, como guarnición

Consejo Sabroso

El queso Emmenthal de esta receta se puede sustituir por cualquier otro queso, pero para obtener mejores resultados use un queso tipo Cheddar, que al igual que el Emmenthal se derrite fácilmente. El tocino también se puede sustituir por rebanadas de jamón dulce como la panceta, speck, Parma o prosciutto.

2

4

7

Tartaletas de Hinojo y Chalote Caramelizado

1 Precaliente el horno a 200° C/ 400° F. Cierna la harina sobre un tazón, integre la mantequilla, usando la yema de sus dedos. Incorpore el queso, agregue la yema de huevo con aproximadamente 2 cucharadas de agua fría. Mezcle a lograr una masa firme, amase ligeramente. Envuelva con plástico adherente y refrigere 30 minutos.

2 Extienda la pasta sobre una superficie ligeramente enharinada y divida para cubrir 6 moldes individuales para tarta o moldes para pastelitos de 10 cm/ 4 in con aproximadamente 2 cm/ ¾ in de profundidad.

3 Forre los moldes para pastelitos con papel encerado y llene con frijoles o arroz para hornear. Hornee en blanco en el horno precalentado 10 minutos. Posteriormente, retire el papel y los frijoles.

4 Caliente el aceite en una sartén para freír, agregue los chalotes y el hinojo. Fría suavemente 5 minutos. Espolvoree con azúcar y cocine 10 minutos más, moviendo de vez en cuando, hasta caramelizar ligeramente. Reserve hasta que se enfríe.

5 Bata los huevos y crema. Sazone al gusto con sal y pimienta. Divida la mezcla entre los moldes con pasta. Vierta la mezcla de huevo y espolvoree con el queso y canela. Hornee 20 minutos o hasta que se dore y esté firme. Sirva con hojas de lechuga.

Consejo Sabroso

El hinojo tiene un sabor aromático parecido al anís, que funciona a la perfección con los chalotes dulces y queso de este platillo. Recomendamos agregar un poco de nuez moscada sobre el relleno de pay en el paso 5, ya que esto complementa el relleno cremoso de queso.

INGREDIENTES
Rinde 6 porciones

PASTA DE QUESO:
176 g/6 oz de harina blanca simple
75 g/3 oz de mantequilla ligeramente salada
50 g/2 oz de queso Gruyere, rallado
1 yema de huevo pequeño

PARA EL RELLENO:
2 cucharadas de aceite de oliva
225 g/8 oz de chalotes, sin piel y en mitades
1 bulbo de hinojo, limpio y rebanado
1 cucharadita de azúcar morena
1 huevo mediano
150 ml/¼ pt de crema dulce para batir
sal y pimienta negra recién molida
25 g/1 oz de queso Gruyere, rallado
½ cucharadita de canela molida
hojas de lechuga mixta, para servir

Pay Asado de Verduras

1 Precaliente el horno a 220° C/ 425° F. Cierna la harina y la sal sobre un tazón grande, agregue las grasas y mezcla ligeramente. Usando las yemas de sus dedos integre en la harina hasta que la mezcla parezca migas de pan. Incorpore las hierbas de Provenza. Coloque sobre una cuchara con agua fría y empiece a unir la masa con ayuda de un cortador de varilla. (Quizás tenga que usar sus manos para el paso final.) Si no puede darle forma de bola inmediatamente a la masa, agregue un poco más de agua. Coloque la pasta en una bolsa de plástico y enfríe 30 minutos.

2 Coloque los pimientos sobre una charola de hornear y rocíe con 1 cucharada de aceite. Ase en el horno precalentado 20 minutos o hasta que las pieles empiecen a dorarse. Barnice las berenjenas, calabacitas y poros con aceite y coloque sobre otra charola de hornear. Ase en el horno con los pimientos 20 minutos.

3 Coloque los pimientos tostados en una bolsa de plástico y deje sudar 5 minutos para que sus pieles se aguaden. Cuando estén suficientemente fríos para poder manejarlos, quite la piel de los pimientos.

4 Extienda la mitad de la pasta sobre una superficie ligeramente enharinada y use para cubrir un plato redondo para pay de 20.5 cm/8 in. Cubra la pasta con papel encerado y ponga encima frijoles o arroz para hornear. Hornee en blanco aproximadamente 10 minutos. Retire los frijoles y el papel, barnice la base con un poco de huevo batido. Vuelva a meter al horno 5 minutos.

5 Ponga capas alternadas de los vegetales cocidos y el queso sobre la pasta, sazonando cada capa. Extienda la pasta restante sobre una superficie ligeramente enharinada y corte una tapa de 5 mm/¼ in más ancha que el plato. Barnice la orilla con huevo batido y cubra con la tapa de pasta, presione para sellar. Golpee las orillas con el dorso de un cuchillo. Haga un corte en la tapa y barnice con el huevo batido. Hornee 30 minutos. Pase a un platón grande, adorne con ramas de hierbas y sirva de inmediato.

INGREDIENTES
Rinde 4 porciones

225 g/8 oz de harina simple

1 pizca de sal

50 g/2 oz de grasa o manteca vegetal blanca, cortada en cuadros

50 g/2 oz de mantequilla, cortada

2 cucharaditas de hierbas de Provenza

1 pimiento rojo, sin semillas y en mitades

1 pimiento verde, sin semillas y en mitades

1 pimiento amarillo, sin semillas y en mitades

3 cucharadas de aceite de oliva extra virgen

1 berenjena, limpia y rebanada

1 calabacita, limpia y en mitades

1 poro, limpio y cortado en trozos

1 huevo mediano, batido

125 g/4 oz de queso mozzarella fresco, en rebanadas

sal y pimienta negra recién molida

ramas de hierbas mixtas para adornar

Consejo

Busque queso mozzarella de búfala ya que es el mejor de todos.

Pay de Pollo y Jamón

1 Precaliente el horno a 200° C/ 400° F. Caliente el aceite en una sartén para freír y fría el poro con el tocino 4 minutos hasta que esté suave pero no tome color. Pase a un tazón y reserve.

2 Corte el pollo en trozos del tamaño de un bocado y agregue el poro y el tocino. Mezcle el aguacate con el jugo de limón, incorpore al pollo y sazone al gusto con sal y pimienta.

3 Extienda la mitad de la pasta sobre una superficie ligeramente enharinada y use para cubrir un molde de con base desmontable. Ponga la mezcla de pollo sobre la pasta.

4 Mezcle 1 huevo con el yogurt y consomé de pollo. Vierta la mezcla de yogurt sobre el pollo. Extienda la pasta restante sobre una superficie ligeramente enharinada y corte una tapa de 5 mm/¼ in más ancha que el plato.

5 Barnice la orilla con el huevo batido restante y cubra con la tapa de pasta, presionando para sellar.

6 Golpee las orillas con el dorso de un cuchillo para sellar aún más. Haga un corte en la tapa y barnice con el huevo.

7 Espolvoree con las semillas de amapola y hornee en el horno precalentado aproximadamente durante 30 minutos, o hasta que la pasta esté dorada. Sirva con la cebolla y hojas de lechuga mixta.

INGREDIENTES
Rinde 6 porciones

2 tantos de pasta delgada (vea página 16)

1 cucharada de aceite de oliva

1 poro, limpio y rebanado

175 g/6 oz de tocino, cortado en dados pequeños

225 g/8 oz de carne de pollo cocida, sin hueso

2 aguacates, sin piel, sin hueso y picados

1 cucharada de jugo de limón

sal y pimienta negra recién molida

2 huevos grandes, batidos

150 ml/¼ pt de yogurt natural

4 cucharadas de consomé de pollo

1 cucharada de semillas de amapola

PARA SERVIR:

cebolla morada en rebanadas

hojas de lechuga mixta

Consejo

Por lo general, los pollos de pastoreo o los que han sido alimentados con maíz tienden a tener más sabor y son más tiernos que los que venden en el supermercado. Aunque estos tipos de pollo son un poco más caros, en realidad vale la pena pagar un poco más.

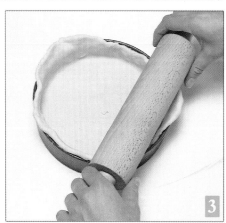

Tarta de Pescado

1 Precaliente el horno a 220° C/ 425° F. Extienda la pasta sobre una superficie ligeramente enharinada haciendo un rectángulo de 20. 5 x 25.5 cm/8 x 10 in.

2 Dibuje un rectángulo de 18 x 23 cm/7 x 9 in en el centro de la pasta, para formar un borde de 2.5 cm/1 in. (Tenga cuidado de no cortar a través de la pasta.)

3 Con un cuchillo, haga pequeños cortes en cruz sobre la orilla de la pasta.

4 Coloque el pescado sobre una tabla de cortar y, con un cuchillo filoso, retire la piel del robalo y bacalao. Corte en rebanadas delgadas.

5 Extienda el pesto uniformemente sobre la base de la costra de pasta con el revés de una cuchara.

6 Acomode el pescado, jitomates y queso en la costra de pasta y barnice la pasta con el huevo batido.

7 Hornee la tarta en el horno precalentado de 20 a 25 minutos, hasta que la pasta se esponje, suba y se dore. Adorne con el perejil picado y sirva de inmediato.

INGREDIENTES
Rinde 4 porciones

350 g/12 oz de pasta de hojaldre preparada, descongelada

150 g/5 oz de robalo ahumado

150 g/5 oz de bacalao

1 cucharada de salsa de pesto

2 jitomates, rebanados

125 g/4 oz de queso de cabra, rebanado

1 huevo mediano, batido

perejil recién picado, para adornar

Dato Culinario

El nombre escocés para el robalo ahumado es *finnan haddie*, llamado así por la aldea de pescadores escocesa de Findon cerca de Aberdeen. El robalo ahumado ha sido por muchos años el pescado preferido para el desayuno en Findon y el resto de Escocia. Aunque este tipo de pescado tradicionalmente se pescaba y ahumaba (algunas veces sobre carbón) en Escocia, actualmente se produce en Nueva Inglaterra y otros estados de la costa de Estados Unidos de Norteamérica.

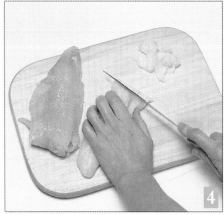

Pizza de Espinaca, Piñones y Queso Mascarpone

1 Precaliente el horno a 220° C/ 425° F. Cierna la harina y la sal sobre un tazón y mezcle con la levadura. Haga una fuente en el centro y agregue el agua y el aceite.

2 Amase la pasta sobre una superficie enharinada durante 5 minutos hasta suavizar. Coloque en un tazón ligeramente engrasado con aceite y tape con plástico adherente. Deje que se esponje sobre una superficie caliente durante 1 hora.

3 Golpee la masa de pizza con su puño, dele forma y extiéndala sobre una superficie enharinada hasta dejarla delgada. Coloque sobre una charola de hornear ligeramente enharinada y levante su orilla para hacer un borde pequeño. Meta otra charola de hornear vacía al horno.

4 Caliente la mitad del aceite en una sartén y fría suavemente la cebolla y el ajo hasta que empiecen a dorar.

5 Exprima el exceso de agua de la espinaca y pique finamente. Agregue la cebolla y el ajo con el aceite de oliva restante. Sazone al gusto con sal y pimienta.

6 Extienda la passata sobre la pasta de pizza y cubra con la mezcla de espinacas. Integre el queso mascarpone con los piñones y ponga sobre la pizza.

7 Resbale la pizza sobre la charola para hornear caliente y hornee de 15 a 20 minutos. Pase a un plato grande y sirva de inmediato.

Dato Culinario

Tradicionalmente se usa queso mozzarella para cubrir la pizza, pero esta receta usa otro queso italiano, el queso mascarpone, que da una textura más cremosa y complementando así la delicada cobertura de espinaca y piñones.

INGREDIENTES
Rinde de 2 a 4 porciones

MASA PARA PIZZA BÁSICA
225 g/8 oz de harina simple fortificada
½ cucharadita de sal
¼ cucharadita de levadura seca de acción rápida
150 ml/¼ pt de agua caliente
1 cucharada de aceite de oliva extra virgen

PARA EL RELLENO
3 cucharadas de aceite de oliva
1 cebolla morada grande, sin piel y picada
2 dientes de ajo, sin piel y finamente rebanados
450 g/1 lb de espinaca descongelada y escurrida
sal y pimienta negra recién molida
3 cucharadas de passata o puré de jitomate
125 g/4 oz de queso mascarpone
1 cucharada de piñones tostados

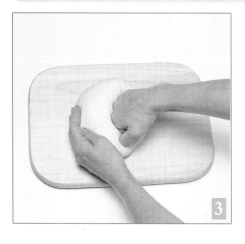

Calzones de Chilli con Carne de Res

1 Precaliente el horno a 220° C/ 425° F, durante 15 minutos antes de hornear. Caliente el aceite en una sartén grande y cocine suavemente la cebolla y el pimiento 5 minutos.

2 Agregue la carne molida a la sartén y cocine 10 minutos, hasta dorar.

3 Agregue los chilli beans y jitomates, hierva a fuego lento 30 minutos o hasta que la carne molida esté suave. Meta una charola de hornear al horno para calentarla.

4 Divida la masa para pizza en 4 trozos iguales. Tape 3 trozos con plástico adherente y extienda el otro

sobre una superficie ligeramente enharinada, haciendo un círculo de 20.5 cm/8 in.

5 Coloque una cuarta parte de la mezcla de chilli sobre la mitad del círculo de masa y humedezca las orillas con un poco de agua.

6 Doble la mitad de masa sobre el relleno y presione las orillas para sellarlas.

7 Repita este proceso con la masa restante. Coloque sobre la charola de hornear que calentó y hornee 15 minutos. Sirva con las hojas de lechuga.

INGREDIENTES
Rinde 4 porciones

1 tanto de masa para pizza (vea página 40)
1 cucharada de aceite de girasol
1 cebolla, sin piel y finamente picada
1 pimiento verde, sin semillas y picado
225 g/8 oz de chuleta de res molida
1 lata de 420 g de chilli beans
1 lata de 220 g de jitomates picados
hojas de lechuga mixta, para acompañar

Consejo Sabroso

Los calzones son un tipo de pizza rellena que se originó en Nápoles. En vez de rellenar de chilli con carne, puede sustituir la carne por verduras rebanadas y asadas como pimientos, cebollas, calabacitas, hongos o berenjenas. Espolvoree queso mozzarella rallado sobre los vegetales y doble la masa dándole forma de media luna como se menciona en el paso 6. Sirva acompañando con salsa de jitomate.

Pizza de Queso Roquefort, Jamón de Parma y Arúgula

1 Precaliente el horno a 220° C/ 425° F. Extienda la pasta sobre una superficie ligeramente enharinada para formar un círculo de 25.5 cm/10 in.

2 Tape ligeramente la masa y reserve mientras hace la salsa. Meta una charola de hornear al horno para calentarla.

3 Coloque todos los ingredientes para la salsa de jitomate en una sartén grande y gruesa. Hierva a fuego lento.

4 Tape y siga hirviendo 15 minutos. Destape y cocine 10 minutos más, hasta que se haya espesado y reducido a la mitad.

5 Ponga cucharadas de la salsa de jitomate sobre la masa de pizza. Coloque sobre la charola de hornear que calentó y hornee 10 minutos.

6 Retire la pizza del horno y cubra con el queso roquefort y jamón de Parma, hornee 10 minutos más.

7 Mezcle la arúgula con el aceite de oliva y apile sobre la pizza. Espolvoree con el queso parmesano y sirva de inmediato.

Dato Culinario

Para hacer una base delgada y crujiente para pizza, extienda la masa para formar un círculo de 30 cm/12 in en el paso número 1, y continúe con las instrucciones. Para una pizza realmente crujiente, retire del horno 5 minutos antes del final del cocimiento. Hornee directamente sobre la parrilla de asar del horno y cocine hasta que se derrita el queso y la base esté dorada y crujiente.

INGREDIENTES
Rinde de 2 a 4 porciones

1 tanto de masa para pizza (vea página 40)

SALSA BÁSICA DE JITOMATE:
1 lata de 400 g de jitomate picado
2 dientes de ajo, sin piel y machacados
ralladura de ½ limón
2 cucharadas de aceite de oliva extra virgen
2 cucharadas de albahaca recién picada
½ cucharadita de azúcar
sal y pimienta negra recién molida

PARA EL RELLENO:
125 g/4 oz de queso roquefort, cortado en trozos
6 rebanadas de jamón de Parma
50 g/2 oz de hojas de arúgula, lavadas
1 cucharada de aceite de oliva extra virgen
50 g/2 oz de queso parmesano, recién partido en lajas

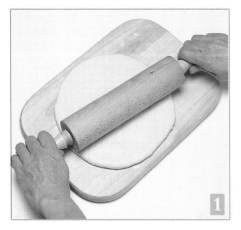

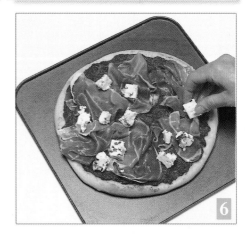

Pizza de Tres Tomates

1 Precaliente el horno a 220° C/ 425° F. Coloque una charola de hornear dentro del horno para calentarla.

2 Divida la masa de pizza preparada en 4 trozos iguales.

3 Extienda un cuarto de la masa de pizza sobre una tabla ligeramente enharinada, formando un círculo de 20.5cm/8 in.

4 Cubra ligeramente los 3 trozos de masa restantes con plástico adherente.

5 Extienda los otros 3 trozos de masa en círculos, uno por uno. Mientras los extiende, mantenga los demás cubiertos con plástico adherente.

6 Rebane los jitomates bola, parta los jitomates cereza y pique los jitomates deshidratados en trozos pequeños.

7 Coloque unas piezas de cada tipo de jitomate sobre cada base de pizza y sazone al gusto con sal de mar.

8 Adorne con la albahaca picada y rocíe con aceite de oliva. Coloque unas rebanadas de queso mozzarella sobre cada pizza y sazone con pimienta negra.

9 Pase la pizza a la charola de hornear y cocine de 15 a 20 minutos o hasta que el queso se dore y burbujee. Adorne con las hojas de albahaca y sirva de inmediato.

INGREDIENTES
Rinde de 2 a 4 porciones

1 tanto de masa para pizza (vea página 40)
3 jitomates bola
8 jitomates cereza
6 jitomates deshidratados
1 pizca de sal de mar
1 cucharada de albahaca recién picada
2 cucharadas de aceite de oliva extra virgen
125 g/4 oz de queso mozzarella de búfala, rebanado
pimienta negra recién molida
hojas de albahaca fresca, para adornar

Dato Culinario

El queso mozzarella de búfala es considerado el rey de los mozzarellas. Está hecho a base de leche de búfala, de la cual sale un queso sumamente suave y cremoso. Un buen queso mozzarella debe venir empacado en líquido para mantener su humedad y poder partirlo fácilmente en trozos.

Volovanes de Macarela Ahumada

1 Precaliente el horno a 230° C/ 450° F. Extienda la pasta sobre una superficie ligeramente enharinada y, usando un molde de 9 cm/3½ in con orilla ondulada, corte 12 círculos.

2 Empleando un molde de 1 cm/½ in de diámetro haga una marca en el centro de cada círculo.

3 Coloque sobre una charola de hornear húmeda y barnice los círculos con un poco de huevo batido.

4 Espolvoree la pasta con el ajonjolí y hornee en el horno precalentado de 10 a 12 minutos, o hasta que se hayan dorado y esponjado.

5 Pase los volovanes a una tabla para picar y, cuando estén lo suficientemente fríos para poder tocarlos, retire las tapas con un cuchillo filoso.

6 Retire la pasta cruda del centro de cada volován, si la hubiera, y vuelva a hornear de 5 a 8 minutos para secarlos. Retire y deje enfriar.

7 Desmenuce la macarela en trozos pequeños y reserve. Pele el pepino si lo desea, y corte en dados muy pequeños; agregue a la macarela.

8 Bata el queso crema suave con la salsa de arándanos, eneldo y ralladura de limón. Integre la macarela con el pepino y use para rellenar los volovanes. Cubra con las tapas y adorne con ramas de eneldo.

Dato Culinario

La macarela es un pescado relativamente barato y una de las fuentes más ricas de minerales, aceites y vitaminas. Este pescado presenta una forma económica de incorporar todos los nutrientes esenciales en su dieta.

INGREDIENTES
Rinde de 1 a 2 porciones

350 g/12 oz de pasta de hojaldre
1 huevo pequeño, batido
2 cucharaditas de ajonjolí
225 g/8 oz de macarela ahumada en pimienta, sin piel y picada
5 cm/2 in de pepino
4 cucharadas de queso crema suave
2 cucharadas de salsa de arándano
1 cucharada de eneldo recién picado
1 cucharada de ralladura fina de limón
ramas de eneldo, para adornar
hojas de lechuga mixta, para acompañar

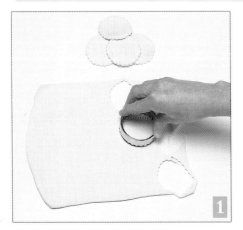

Bocadillos Lujosos de Pescado

1 Precaliente el horno a 200° C/ 400° F. Coloque la mantequilla en una sartén y caliente lentamente hasta derretir.

2 Agregue la harina y cocine, moviendo 1 minuto. Retire del calor y agregue gradualmente la leche, moviendo después de cada adición.

3 Vuelva a colocar sobre el calor y hierva a fuego lento, moviendo continuamente hasta espesar. Retire del calor y agregue el salmón, perejil, eneldo, ralladura y jugo de limón, camarones y sazonadores.

4 Extienda la pasta sobre una superficie ligeramente enharinada y corte 6 círculos de 12.5 cm/5 in y 6 círculos de 15 cm/6 in.

5 Barnice las orillas del círculo pequeño con el huevo batido y coloque dos cucharadas del relleno en el centro de cada uno.

6 Coloque el círculo grande sobre el relleno y presione las orillas para sellar.

7 Presione la orilla de la pasta entre su dedo índice y pulgar para sellar firmemente y hacer una orilla decorativa.

8 Haga un corte en cada bolsita, barnice con el huevo batido y espolvoree con sal de mar.

9 Pase a una charola de hornear y cocine en el horno precalentado 20 minutos, o hasta dorar. Sirva de inmediato acompañando con unas hojas frescas de ensalada verde.

INGREDIENTES
Rinde 6 porciones

2 tantos de masa de hojaldre rápido (vea página 20), fría
125 g/4 oz de mantequilla
125 g/4 oz de harina simple
300 ml/½ pt de leche
225 g/8 oz de filete de salmón, sin piel y cortado en trozos
1 cucharada de perejil, recién picado
1 cucharada de eneldo, recién picado
ralladura y jugo de 1 limón sin semilla
225 g/8 oz de camarones sin piel
sal y pimienta negra recién molida
1 huevo pequeño, batido
1 cucharadita de sal de mar
hojas frescas de ensalada verde, para servir

Consejo

El salmón no sólo posee minerales, sino que es una fuente vital de calcio además de ser extremadamente bajo en grasa. Asegúrese de usar camarones crudos limpios y sin la vena intestinal que corre por su torso.

Tarta de Jitomate y Calabacitas a las Hierbas

1 Precaliente el horno a 230° C/ 450° F. Caliente 2 cucharadas del aceite en una sartén grande para freír.

2 Fría la cebolla y el ajo 4 minutos o hasta suavizar; reserve.

3 Extienda la pasta sobre una superficie ligeramente enharinada, y corte un círculo de 30.5 cm/12 in.

4 Barnice la pasta con un poco de huevo batido, pique con un tenedor por todos lados.

5 Pase a una charola de hornear húmeda y hornee en el horno precalentado 10 minutos.

6 Voltee la pasta y barnice con un poco más de huevo. Hornee 5 minutos más y retire del horno.

7 Mezcle la cebolla, ajo y hierbas con el queso de cabra y unte sobre la pasta.

8 Acomode los jitomates y calabacitas sobre el queso de cabra y rocíe con el aceite restante.

9 Hornee de 20 a 25 minutos, o hasta que la pasta esté dorada y el relleno burbujee. Adorne con las ramas de tomillo y sirva de inmediato.

INGREDIENTES
Rinde 4 porciones

4 cucharadas de aceite de oliva

1 cebolla, sin piel y finamente picada

3 dientes de ajo, sin piel y machacados

400 g/14 oz de pasta de hojaldre preparada, descongelada

1 huevo pequeño, batido

2 cucharadas de romero recién picado

2 cucharadas de perejil recién picado

175 g/6 oz de queso de cabra suave y fresco, sin corteza

4 jitomates bola maduros, en rebanadas

1 calabacita mediana, limpia y en rebanadas

ramas de tomillo para adornar

Dato Culinario

El queso de cabra funciona particularmente bien en esta receta, complementando tanto al jitomate como a la calabacita. De cualquier forma, esté conciente de que puede ser un poco ácido, por lo que es mejor elegir un tipo cremoso, el cual se suavizará incluso más al hornearse.

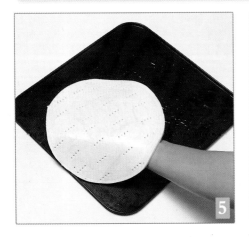

Bolsitas de Aceitunas y Queso Feta

1 Precaliente el horno asador a 180º C/350º F, y cubra la rejilla de éste con papel aluminio.

2 Corte los pimientos en cuartos y retire las semillas. Coloque sobre la rejilla forrada con la pulpa hacia arriba y cocine bajo el asador precalentado 10 minutos, volteando de vez en cuando hasta que la piel empiece a quemarse.

3 Coloque los pimientos en una bolsa de plástico y deje reposar hasta que estén lo suficientemente fríos para que pueda tocarlos.

4 Pique las aceitunas y corte el queso feta en cubos pequeños. Mezcle las aceitunas, queso feta, pimientos rebanados y piñones.

5 Corte una hoja de pasta filo a la mitad, barnice con un poco de aceite. Coloque una cucharada de la mezcla de aceitunas y queso feta en una tercera parte de la pasta.

6 Doble la pasta y envuelva para formar un paquete cuadrado cubriendo el relleno totalmente.

7 Coloque la bolsita en el centro de la segunda mitad de la hoja de pasta. Barnice las orillas ligeramente con aceite, levante las orillas y únalas en el centro; gírelas ligeramente para formar una bolsa.

8 Barnice con un poco más de aceite y repita la operación con el resto de pasta y relleno.

9 Coloque las bolsitas sobre una charola de hornear ligeramente engrasada con aceite y ponga en el horno precalentado de 10 a 15 minutos, o hasta que estén doradas y crujientes. Sirva con la salsa para remojar.

INGREDIENTES
Rinde 30 porciones

1 pimiento rojo pequeño
1 pimiento amarillo pequeño
125 g/4 oz de mezcla de aceitunas verdes y negras, marinadas
125 g/4 oz de queso feta
2 cucharadas de piñones ligeramente tostados
6 hojas de pasta filo
3 cucharadas de aceite de oliva
crema agria y cebollín para remojar, como guarnición

Consejo

El queso feta por lo general está hecho de leche de cabra y tiene un sabor ligeramente salado. Para quitarle un poco de sal, simplemente remójelo en leche y escurra antes de comer.

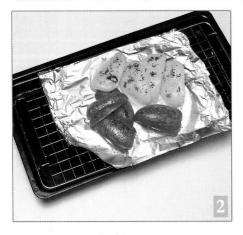

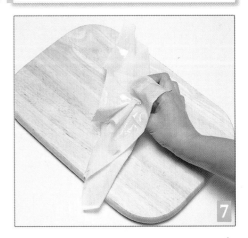

Clásica Barra de Pan Blanco

1 Precaliente el horno a 220° C/ 425° F, durante 15 minutos antes de hornear. Engrase con aceite y forre con papel encerado la base de un molde para pan de 900 g/2 lb. Cierna la harina y la sal sobre un tazón grande. Integre la mantequilla, el azúcar y levadura. Haga una fuente en el centro.

2 Agregue la leche y el agua caliente a los ingredientes secos. Mezcle haciendo una masa suave agregando un poco más de agua si fuera necesario. Extienda la masa sobre una superficie ligeramente enharinada y amase 10 minutos, o hasta que esté suave y elástica.

3 Coloque la masa en un tazón engrasado con aceite, tape con plástico adherente o una toalla de cocina limpia y deje reposar, en un lugar templado, durante1 hora o hasta que duplique su tamaño. Amase una vez más durante uno ó dos minutos, para sacar el aire.

4 De a la masa una forma alargada y coloque en el molde preparado. Tape con el plástico adherente engrasado y deje esponjar 30 minutos más, o hasta que llegue a la orilla del molde. Espolvoree la superficie con harina o barnice con el glaseado de huevo y, si desea hacerlo de harina integral, adorne con trigo triturado. Coloque la barra en la rejilla central del horno precalentado y hornee durante 5 minutos.

5 Reduzca la temperatura del horno a 200° C/400° F. Hornee la barra de pan de 20 a 25 minutos más, o hasta que esponje y suene hueco si le pega en la base. Saque, enfrié sobre una rejilla de alambre y sirva.

Consejo Sabroso

Hay pocas cosas tan buenas como el pan blanco, en especial cuando está recién hecho. Mientras el pan esté aún caliente, unte generosamente con mantequilla fresca y coma. ¡Es delicioso!

INGREDIENTES
Rinde 1 barra de 900 g/2 lb

700 g/1½ lb de harina blanca fortificada

1 cucharada de sal

25 g/1 oz de mantequilla, en cubos

1 cucharadita de azúcar molida (caster)

2 cucharaditas de levadura seca fácil de mezclar

150 ml/¼ pt de leche

300 ml/½ pt de agua caliente

1 cucharada de harina simple, para espolvorear

VARIACIÓN LIGERA CON HARINA INTEGRAL:

450 g/1 lb de harina integral fortificada

225 g/8 oz de harina blanca fortificada

huevo batido, para glasear

1 cucharada de trigo triturado

Pan Integral

1 Precaliente el horno a 220° C/ 425° F, durante 15 minutos antes de hornear. Cierna la harina blanca y la sal sobre un tazón grande. Integre la harina de trigo malteado (Granary flour) y la harina integral, incorpore la mantequilla hasta que la mezcla asemeje migas de pan. Incorpore la levadura, avena y semillas, haciendo una fuente en el centro.

2 Incorpore el extracto de malta al agua caliente y mezcle hasta que se disuelva. Agregue el agua con malta a los ingredientes secos. Mezcle hasta formar una masa suave.

3 Coloque la masa sobre una superficie ligeramente enharinada y amase 10 minutos, hasta que esté suave y elástica.

4 Coloque en un tazón engrasado con aceite, tape con plástico adherente y deje esponjar en un lugar templado durante 1½ horas o hasta que duplique su tamaño.

5 Saque del tazón y amase una vez más durante uno o dos minutos para sacar el aire.

6 De a la masa una forma alargada de aproximadamente 30.5 cm/ 12 in de largo y coloque sobre una charola de hornear, bien engrasada con aceite.

7 Tape con plástico adherente y deje esponjar 40 minutos, o hasta que duplique su tamaño.

8 Barnice con huevo batido y hornee en el horno precalentado de 35 a 45 minutos, o hasta que haya esponjado, esté dorado y suene hueco al golpear ligeramente su base. Deje enfriar sobre una rejilla de alambre y sirva.

Consejo

La cantidad de agua que tenga que agregar a los ingredientes secos de esta receta dependerá de la marca de harina que use. Añada únicamente el agua necesaria para hacer una masa suave y elástica.

INGREDIENTES
Rinde 1 barra grande

350 g/12 oz de harina blanca fortificada

2 cucharaditas de sal

225 g/8 oz de harina de trigo malteado (Granary flour)

125 g/4 oz de harina integral

25 g/1 oz de mantequilla, en dados

2 cucharaditas de levadura seca para mezclar fácil

25 g/1 oz de avena

2 cucharadas de semillas de girasol

1 cucharada de extracto de malta

450 ml/¾ pt de agua caliente (vea Consejo)

1 huevo mediano, batido

Pan Moreno Rápido

1 Precaliente el horno a 200° C/ 400° F, durante 15 minutos antes de hornear. Engrase con aceite 2 moldes para pan de 450 g/1 lb. Cierna la harina, sal y azúcar sobre un tazón grande, agregando el trigo que quede en la coladera. Integre la levadura y haga una fuente en el centro.

2 Vierta el agua caliente sobre los ingredientes secos y mezcle para formar una masa suave, agregando un poco más de agua si fuera necesario.

3 Amase sobre una superficie ligeramente enharinada 10 minutos, hasta que esté suave y elástica.

4 Divida a la mitad, haga 2 barras alargadas y coloque en los moldes. Tape con plástico adherente engrasado y deje reposar en un lugar templado 40 minutos, o hasta que se esponje y llegue a la orilla de los moldes.

5 Glasee 1 barra con el huevo batido y espolvoree generosa- mente la otra con harina simple.

6 Hornee los panes en el horno precalentado 35 minutos o hasta que hayan esponjado y estén ligeramente dorados. Saque de los moldes y vuelva a hornear 5 minutos más para que se doren los lados. Enfríe sobre una rejilla de alambre.

7 Para los bollos de cebolla y semillas de amapola, fría suavemente la cebolla en el aceite hasta suavizar. Reserve hasta que se enfríen, mezcle con los ingredientes secos más 1 cucharada de semillas de amapola. Haga la masa del mismo modo.

8 Divida la masa en 16 piezas y forme bollos. Coloque sobre dos charolas de hornear, previamente engrasadas, tape con plástico adherente engrasado con aceite y deje fermentar 30 minutos.

9 Barnice los bollos con leche y espolvoree con las semillas restantes. Hornee de 25 a 30 minutos, deje enfriar sobre una rejilla de alambre y sirva.

INGREDIENTES
Rinde 2 barras de 450 g/1 lb

700 g/1½ lb de harina integral fortificada
2 cucharaditas de sal
½ cucharadita de azúcar molida (caster)
1 sobre de 7 g/¼ oz de levadura seca
450 ml/¾ pt de agua caliente

TOQUE FINAL:
huevo batido, para glasear
1 cucharada de harina blanca simple, para espolvorear

BOLLOS DE CEBOLLA Y SEMILLAS DE AMAPOLA:
1 cebolla pequeña, sin piel y finamente picada
1 cucharada de aceite de oliva
2 cucharadas de semillas de amapola
leche para barnizar

Consejo

Por lo general, la masa de los panes se amasa, se deja esponjar, se vuelve a amasar, se le da forma y se deja esponjar una vez más. En éste sólo amase, dele forma, esponje y hornee.

Pan Campestre Rústico

1 Precaliente el horno a 220° C/ 425° F, durante 15 minutos antes de hornear. Para el iniciador, cierna la harina sobre un tazón. Integre la levadura y haga una fuente en el centro. Vierta el agua caliente y mezcle con un tenedor.

2 Pase a un tazón, cubra con una toalla de cocina limpia y deje reposar de 2 a 3 días a temperatura ambiente. Mezcle y rocíe con un poco de agua dos veces al día.

3 Para la masa, mezcle en un tazón la harina, sal, azúcar y levadura. Agregue 225 ml/8 oz de iniciador, el aceite y el agua caliente. Mezcle para formar una masa suave.

4 Amase sobre una superficie ligeramente enharinada 10 minutos o hasta que esté suave y elástica. Coloque en un tazón engrasado con aceite, tape y deje esponjar en un lugar templado aproximadamente 1½ horas, o hasta que duplique su tamaño.

5 Saque la masa y amase uno o dos minutos. Dele forma redonda y coloque sobre una charola de hornear engrasada con aceite.

6 Tape con plástico adherente engrasado con aceite y deje esponjar 1 hora, o hasta que duplique su tamaño.

7 Espolvoree la masa con harina y, usando un cuchillo filoso, haga varios cortes sobre la superficie. Realice cortes transversales en dirección opuesta para hacer cuadros.

8 Coloque en el horno precalentado de 40 a 45 minutos, o hasta que se dore y suene hueco al golpearlo por debajo. Deje enfriar sobre una rejilla de alambre y sirva.

Consejo

Coloque el iniciador restante en un tazón, integre 125 ml/4 fl oz de agua caliente y 125 g/4 oz de harina blanca fortificada. Mezcle dos veces al día de 2 a 3 días y use como iniciador para otra barra de pan.

INGREDIENTES
Rinde 1 pan grande

INICIADOR DE LEVADURA:
225 g/8 oz de harina simple fortificada
2 cucharaditas de levadura seca fácil de mezclar
300 ml/½ pt de agua caliente

MASA PARA PAN:
350 g/12 oz de harina blanca fortificada
25 g/1 oz de harina integral
1½ cucharaditas de sal
½ cucharadita de azúcar molida (caster)
1 cucharadita de levadura seca
1 cucharadita de aceite de girasol
175 ml/6 fl oz de agua caliente

TOQUE FINAL:
2 cucharaditas de harina simple
2 cucharaditas de harina integral

Bollos Suaves para la Cena

1 Precaliente el horno a 220° C/ 425° F, durante 15 minutos antes de hornear. En una sartén caliente suavemente la mantequilla, azúcar y leche hasta derretir la mantequilla y disolver el azúcar. Enfríe hasta entibiar. Cierna la harina y sal sobre un tazón, integre la levadura y haga una fuente en el centro. Reserve 1 cucharada de los huevos batidos. Agregue el resto a los ingredientes secos con la mezcla de leche. Integre para formar una masa suave.

2 Amase por 10 minutos sobre una superficie enharinada hasta suavizar. Coloque en un tazón engrasado, tape con plástico adherente y deje esponjar en un lugar templado, durante 1 hora.

Amase una vez más durante uno o dos minutos y divida en 16 piezas. Forme trenzas, caracoles, tréboles o bollos (vea Consejo). Coloque sobre 2 charolas de hornear engrasadas con aceite, tape con plástico adherente engrasado con aceite y deje esponjar 30 minutos.

3 Mezcle el huevo batido que reservó con la leche y barnice los bollos. Espolvoree algunos con sal de mar, otros con semillas de amapola y deje otros simples. Meta al horno 20 minutos o hasta que se doren y suenen huecos cuando les pegue por debajo. Pase a una rejilla de alambre. Tape con una toalla de cocina para mantenerlos suaves y sirva.

Consejo

Para hacer bollos en forma de trébol, divida en 3 piezas iguales y haga una bola con cada pieza. Junte las bolas en forma triangular. Para hacer bollos, divida la masa en piezas de dos terceras partes y otras de una tercera parte. Haga una bola con cada pieza, y coloque la bola pequeña sobre la bola grande. Presione el mango enharinado de una cuchara de madera o su dedo por la parte superior, apretando sobre la inferior para unirlas.

INGREDIENTES
Rinde 16 porciones

50 g/2 oz de mantequilla
1 cucharada de azúcar molida (caster)
225 ml/8 fl oz de leche
550 g/1¼ lb de harina blanca fortificada
1½ cucharaditas de sal
2 cucharaditas de levadura seca
2 huevos medianos, batidos

PARA EL GLASEADO Y TOQUE FINAL:
2 cucharadas de leche
1 cucharadita de sal de mar
2 cucharaditas semillas de amapola

Consejo

Para hacer trenzas, divida en 3 piezas iguales y enrolle cada pieza de masa haciendo una tira de aproximadamente 9 cm/3½ in de largo. Trence y selle las puntas. Para hacer caracoles, enrolle una tira de 25.5 cm/10 in, gire y meta la punta debajo del rollo para detenerla.

Bagels

1 Precaliente el horno a 200° C/ 400° F, 15 minutos antes de hornear. Cierna la harina y la sal sobre un tazón grande. Integre la levadura y haga una fuente en el centro. Bata los huevos con la miel y el aceite. Agregue a los ingredientes secos con el agua tibia y mezcle para formar una masa suave.

2 Amase sobre una superficie ligeramente enharinada durante10 minutos, hasta que esté suave y elástica. Coloque en un tazón, tape con plástico adherente y deje esponjar en un lugar templado 45 minutos, o hasta que duplique su tamaño.

3 Amase brevemente una vez más para sacar el aire. Divida en 12 piezas y haga tiras de 20.5 cm/ 8 in, dándoles forma de anillos; selle las orillas.

4 Coloque los anillos sobre una charola de hornear engrasada con aceite, tape con plástico adherente y deje esponjar en un lugar templado 20 minutos, o hasta que se inflen y esponjen.

5 Coloque el azúcar molida (caster) en una sartén grande con agua. Hierva, agregue los bagels, uno por uno y cocine 15 segundos. Saque con una cuchara perforada y coloque en la charola de hornear.

6 Barnice los bagels con huevo batido y espolvoree una tercera parte con semillas de amapola. Mezcle la cebolla y aceite y adorne otra tercera parte de los bagels. Deje la tercera parte sobrante simple.

7 Hornee en el horno precalentado de 12 a 15 minutos, o hasta que estén dorados. Pase a una rejilla de alambre y sirva cuando estén fríos.

Consejo Sabroso

¿Por qué no se come unos bagels para el desayuno? Son deliciosos si los rellena con queso y jamón o si los tuesta y acompañe con huevos revueltos. También son deliciosos con salmón ahumado y queso crema.

INGREDIENTES
Rinde 4 porciones

450 g/1 lb de harina simple fuerte
1½ cucharaditas de sal
2 cucharaditas de levadura seca fácil de mezclar
2 huevos medianos
1 cucharadita de miel de abeja clara
2 cucharadas de aceite de girasol
250 ml/9 fl oz de agua caliente

TOQUE FINAL:

1 cucharada de azúcar molida (caster)
huevo batido, para glasear
2 cucharaditas de semillas de amapola
½ cebolla pequeña, sin piel y finamente picada
2 cucharaditas de aceite de girasol

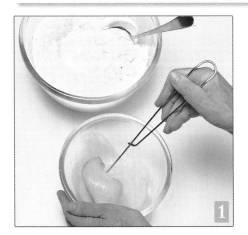

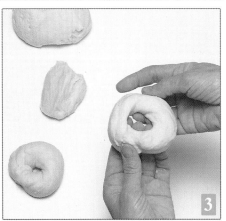

Baps de Camote

1 Precaliente el horno a 200° C/ 400° F, 15 minutos antes de hornear. Pele el camote y corte en trozos grandes. Cocine en una sartén con agua hirviendo de 12 a 15 minutos, o hasta suavizar.

2 Escurra, machaque y mezcle con la mantequilla y nuez moscada. Integre la leche, y deje en la sartén hasta que se entibie.

3 Cierna la harina y la sal sobre un tazón grande. Incorpore la levadura. Haga una fuente en el centro.

4 Agregue el camote machacado y el huevo batido; mezcle hasta formar una masa suave. Añada un poco más de leche, si fuera necesario, dependiendo que tan húmedo esté el camote.

5 Coloque la masa sobre una superficic ligcramente enharinada y amase 10 minutos, o hasta que esté suave y elástica. Coloque en un tazón ligeramente engrasado con aceite, tape con plástico adherente y deje esponjar en un lugar templado durante 1 hora, o hasta que duplique su tamaño.

6 Saque la masa del tazón y amase uno o dos minutos o hasta que esté suave.

7 Divida en 16 piezas, forme bollos y coloque sobre una charola de hornear grande y engrasada con aceite. Tape con plástico adherente engrasado con aceite y deje esponjar 15 minutos.

8 Barnice los bollos con huevo batido, espolvoree la mitad con avena y deje el resto sin ella.

9 Coloque en el horno precalentado de 12 a 15 minutos, o hasta que se esponjen, estén ligeramente dorados y suenen huecos si golpea su base. Pase a una rejilla de alambre y cubra inmediatamente con una toalla de cocina limpia para mantenerlos suaves.

INGREDIENTES
Rinde 16 porciones

225 g/8 oz de camote
15 g/½ oz de mantequilla
nuez moscada recién molida
aproximadamente 200 ml/7 fl oz de leche
450 g/1 lb de harina blanca fortificada
2 cucharaditas de sal
1 sobre de 7 g/¼ de levadura
1 huevo mediano, batido

TOQUE FINAL:
huevo batido, para barnizar
1 cucharada de avena

Consejo

Existen muchas variedades de camotes, por lo que debe asegurarse de elegir el indicado para esta receta ya que sus sabores y texturas cambian. El camote que se usa en esta receta es de cáscara oscura y su pulpa es de color naranja fuerte, el cual obtiene una textura húmeda al cocinarse.

Focaccia de Romero y Aceitunas

1 Precaliente el horno a 200° C/ 400° F, durante 15 minutos antes de hornear. Cierna la harina, sal y azúcar sobre un tazón grande. Integre la levadura y el romero. Haga una fuente en el centro.

2 Vierta el agua caliente y el aceite; mezcle hasta formar una masa suave. Extienda sobre una superficie ligeramente enharinada y amase 10 minutos, hasta que esté suave y elástica.

3 Seque las aceitunas con toallas de papel e integre a la masa. Coloque en un tazón engrasado con aceite, tape con plástico adherente y deje esponjar en un lugar templado durante 1½ horas o hasta que duplique su tamaño.

4 Saque la masa y amase una vez más durante uno o dos minutos. Divida a la mitad y extienda cada porción haciendo círculos de 25.5 cm/10 in.

5 Pase a charolas de hornear engrasadas con aceite, tape con plástico adherente engrasado con aceite y deje esponjar 30 minutos.

6 Usando las yemas de sus dedos, haga marcas profundas sobre toda la masa. Rocíe con el aceite y espolvoree con sal de mar.

7 Coloque en el horno precalentado de 20 a 25 minutos o hasta que se esponje y dore. Enfríe sobre una rejilla de alambre y adorne con ramas de romero. Espolvoree con un poco de pimienta negra molida antes de servir.

INGREDIENTES
Rinde 2 piezas

700 g/1½ lb de harina blanca fortificada
1 pizca de sal
1 pizca de azúcar molida (caster)
1 sobre de 7 g/¼ oz de levadura seca, fácil de mezclar
2 cucharaditas de romero recién picado
450 ml/¾ pt de agua caliente
3 cucharadas de aceite de oliva
75 g/3 oz de aceitunas negras sin hueso, picadas toscamente
ramas de romero para adornar

TOQUE FINAL:

3 cucharadas de aceite de oliva
sal de mar en grano
pimienta negra recién molida

Consejo Sabroso

Si desea cambiar el romero usado en este pan, sustituya por jitomates deshidratados y picados. Integre los jitomates a la masa con las aceitunas en el paso número 3, y antes de hornear, rocíe con el aceite sustituyendo la sal por un poco de queso mozzarella.

Pan Estilo Daktyla

1 Precaliente el horno a 220° C/ 425° F, durante 15 minutos antes de hornear. Cierna las harinas y sal sobre un tazón grande, agregando el trigo que quede en la coladera. Integre la fécula de maíz y la levadura. Haga una fuente en el centro.

2 Coloque la miel, aceite, leche y agua en una sartén. Caliente suavemente hasta entibiar. Agregue los ingredientes secos y mezcle para hacer una masa suave, añada un poco más de agua si fuera necesario.

3 Amase sobre una superficie ligeramente enharinada 10 minutos hasta que esté suave y elástica. Coloque en un tazón engrasado con aceite, tape con plástico adherente y deje esponjar en un lugar templado durante 1½ horas o hasta que duplique su tamaño.

4 Saque la masa del tazón y amase uno o dos minutos. Dele forma de barra alargada de aproximadamente 25.5 cm/10 in de largo. Corte en 6 trozos iguales. Deles forma alargada a cada uno y acomode en fila sobre una charola de hornear engrasada con aceite de manera que queden pegados.

5 Tape con plástico adherente engrasado con aceite y deje reposar 45 minutos, o hasta que dupliquen su tamaño.

6 Barnice con leche y adorne con semillas de ajonjolí.

7 Coloque en el horno precalentado de 40 a 45 minutos o hasta dorar y que suenen hueco al golpear su base. Deje enfriar sobre una rejilla de alambre y sirva.

INGREDIENTES
Rinde 1 pieza

350 g/12 oz de harina blanca fortificada
125 g/4 oz de harina integral
1 cucharadita de sal
50 g/2 oz de fécula de maíz fina
2 cucharaditas de levadura seca fácil de mezclar
2 cucharaditas de miel de abeja clara
1 cucharada de aceite de oliva
4 cucharadas de leche
250 ml/9 fl oz de agua

PARA GLASEAR Y TERMINAR:

4 cucharadas de leche
4 cucharadas de semillas de ajonjolí

Dato Culinario

El pan Daktyla se hacía tradicionalmente en Chipre durante la cuaresma. Los chipriotas hacían barritas de pasta remojadas en miel y rellenas con almendras o canela. En esta receta se le da forma alargada y se hornea para que se pueda separar en trozos a la hora de comerse.

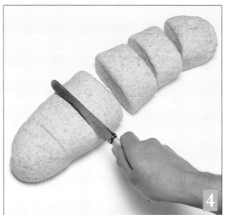

Pan Naan de la India con Especias

1 Precaliente el horno a 220° C/ 450° F, durante 15 minutos antes de hornear y coloque una charola de hornear grande dentro del horno. Cierna la harina y la sal sobre un tazón grande. Integre la levadura y haga una fuente en el centro. Agregue el aceite de manteca clarificada, la mantequilla derretida y el agua caliente. Mezcle.

2 Amase sobre una superficie enharinada hasta que esté suave y elástica. Coloque en un tazón engrasado con aceite, tape con plástico adherente y deje esponjar durante 1 hora.

3 Para hacer el relleno, derrita el aceite de manteca clarificada o mantequilla en una sartén para freír y cocine la cebolla durante 5 minutos. Integre el ajo y las especias. Sazone al gusto con sal y pimienta. Cocine de 6 a 7 minutos más, hasta

suavizar. Retire del calor, integre 1 cucharada de agua y deje enfriar.

4 Amase brevemente, divida en 6 piezas. Extienda cada pieza de masa en círculos de 12.5 cm/5 in. Sirva cucharadas del relleno sobre la mitad de cada círculo.

5 Doble y presione las orillas par sellar. Vuelva a extender para aplanar y hacer panes ovales de aproximadamente 16 cm/6½ in de largo.

6 Tape con plástico adherente engrasado con aceite y deje esponjar aproximadamente 15 minutos.

7 Pase los panes a la charola caliente para hornear y hornee de 10 a 12 minutos, hasta que se esponjen y doren ligeramente. Sirva calientes.

Consejo

El aceite de manteca clarificada es más caro que los otros tipos de mantequilla pero dura más tiempo y tiene un punto de humeado mucho más alto (190° C/375° F). Por lo tanto resulta práctico para saltear y freír.

INGREDIENTES
Rinde 6 porciones

400 g/14 oz de harina blanca fortificada

1 cucharadita de sal

1 cucharadita de levadura seca, fácil de mezclar

15 g/½ oz de aceite de manteca clarificada o mantequilla sin sal, derretida

1 cucharadita de miel de abeja clara

200 ml/7 fl oz de agua caliente

PARA EL RELLENO:

25 g/1 oz de aceite de manteca clarificada o mantequilla sin sal

1 cebolla pequeña, sin piel y finamente picada

1 diente de ajo, sin piel y machacado

1 cucharadita de cilantro molido

1 cucharadita de comino molido

2 cucharaditas de jengibre, sin piel y recién rallado

1 pizca de chile en polvo

1 pizca de canela molida

sal y pimienta negra recién molida

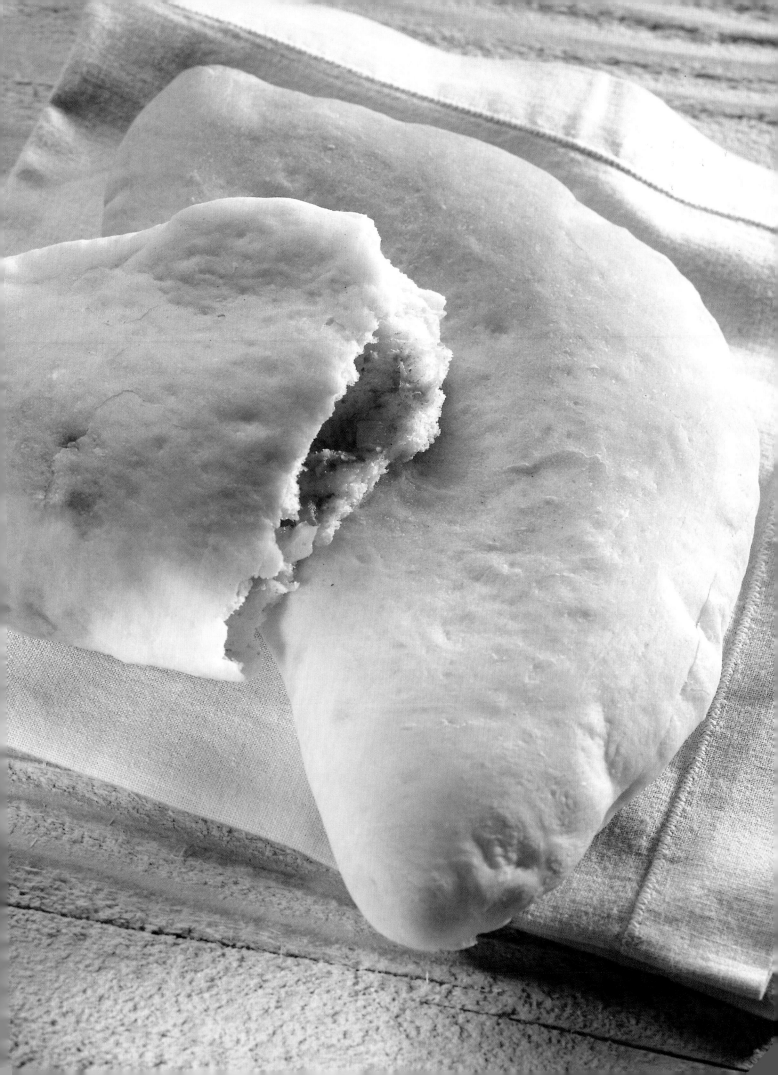

Brioches con Frutas

1 Precaliente el horno a 220° C/ 425° F, durante 15 minutos antes de hornear. Cierna la harina y la sal sobre un tazón. Integre el azúcar y la levadura. Haga una fuente en el centro. Agregue los huevos, mantequilla y 2 cucharadas de agua caliente. Mezcle para formar una masa suave.

2 Amase sobre una superficie ligeramente enharinada durante 5 minutos, hasta que esté suave y elástica. Coloque en un tazón engrasado con aceite, tape con plástico adherente y deje esponjar en un lugar templado durante 1 hora, o hasta que duplique su tamaño.

3 Mezcle los ingredientes para el relleno, cubra el tazón y deje remojar mientras se esponja la masa.

4 Vuelva a amasar uno o dos minutos y divida en 12 piezas. Tome una pieza y aplane tres cuartas partes haciendo un círculo de 6.5 cm/2½ in. Ponga un poco del relleno en el centro, doble y presione las orillas para cubrir.

Coloque en una charola engrasada para 12 bollos poniendo la orilla hacia abajo.

5 Haga una bolita con la cuarta parte de masa sobrante y coloque sobre la bola grande.

6 Presione con el mango enharinado de una cuchara de madera sobre el centro de la bolita superior apretando sobre la grande para unirlas. Repita la operación con las bolas de masa restantes.

7 Tape los brioches con plástico adherente engrasado con aceite y deje reposar 20 minutos aproximadamente.

8 Barnice con huevo batido y ponga en el horno precalentado de 10 a 12 minutos, o hasta dorar. Deje enfriar sobre una rejilla de alambre y sirva.

INGREDIENTES
Rinde 12 porciones

225 g/8 oz de harina blanca fortificada
1 pizca de sal
1 cucharada de azúcar molida (caster)
1 sobre de 7 g/¼ oz de levadura seca, fácil de mezclar
2 huevos grandes, batidos
50 g/2 oz de mantequilla, derretida
huevo batido para barnizar

PARA EL RELLENO:

40 g/1½ oz de almendras sin piel, picadas
50 g/2 oz de mezcla de fruta seca de lujo
1 cucharadita de azúcar morena
2 cucharaditas de licor de naranja o brandy

3

4

6

Bolitas de Manzana a las Especias

1 Cierna la harina, sal y 1 cucharadita de canela sobre un tazón grande. Integre la levadura y haga una fuente en el centro.

2 Agregue la leche, mantequilla y huevo. Mezcle hasta formar una masa suave. Amase sobre una superficie ligeramente enharinada 10 minutos hasta que esté suave y elástica.

3 Divida la masa en 8 piezas y haga bolas con cada una. Coloque sobre una charola de hornear enharinada, tape con plástico adherente engrasado con aceite y deje reposar en un lugar templado durante 1 hora o hasta que duplique su tamaño.

4 Para hacer el relleno, coloque las manzanas en una olla con el azúcar, jugo de limón y 3 cucharadas de agua. Tape y hierva a fuego lento 10 minutos, destape y cocine hasta que esté prácticamente seco, moviendo ocasionalmente. Presione o licúe en un procesador de alimentos para hacer un puré.

5 Vierta suficiente aceite en una sartén para fritura profunda hasta llenar una tercera parte. Caliente el aceite a 180° C/350° F, y fría las bolitas de masa de 1½ a 2 minutos por lado, hasta dorar.

6 Escurra sobre toallas de papel, revuelque en el azúcar molida (caster) mezclada con la ½ cucharada restante de canela molida. Inserte un pincho grueso en el centro haciendo un hoyo e inyecte el relleno de manzana con una manga de repostería. Sirva calientes o frías.

Consejo Sabroso

Estas bolitas también son excelentes si se rellenan con peras. Simplemente sustituya las 2 manzanas por 2 peras y continúe con la receta. Busque peras tipo Comice que son consideradas mejores del mercado o si desea algo más casero, use las peras tipo English Conference que tienen una pulpa deliciosamente suave y un sabor exquisito.

INGREDIENTES
Rinde 8 porciones

225 g/8 oz de harina blanca
  fortificada
½ cucharadita de sal
1½ cucharaditas de canela molida
1 cucharadita de levadura seca, fácil de
  mezclar
75 ml/3 fl oz de leche caliente
25 g/1 oz de mantequilla derretida
1 huevo mediano, batido
aceite, para fritura profunda
4 cucharadas de azúcar molida
  (caster), para cubrir

PARA EL RELLENO:

2 manzanas pequeñas, sin piel,
  descorazonadas y picadas
2 cucharaditas de azúcar morena
2 cucharaditas de jugo de limón

Trenza de Tocino y Jitomate para el Desayuno

1 Precaliente el horno a 200° C/ 400° F, durante 15 minutos antes de hornear. Cierna la harina y la sal sobre un tazón grande. Integre la levadura y haga una fuente en el centro. Vierta la leche y mantequilla; mezcle hasta formar una masa suave.

2 Amase sobre una superficie ligeramente enharinada durante 10 minutos, hasta que esté suave y elástica. Coloque en un tazón engrasado con aceite, tape con plástico adherente y deje esponjar en un lugar templado durante 1 hora, hasta que duplique su tamaño.

3 Cocine el tocino bajo un asador caliente de 5 a 6 minutos, volteando una vez hasta que esté crujiente. Deje enfriar y pique toscamente.

4 Amase una vez más durante uno o dos minutos. Extienda para formar un rectángulo de 25.5 cm x 33 cm/10 x 13 in. Corte a la mitad a lo largo. Barnice ligeramente con mantequilla, esparza el tocino y pimienta negra, dejando un margen de 1 cm/½ in.

5 Barnice las orillas de la masa con huevo batido, extienda cada rectángulo a lo largo.

6 Coloque las 2 tiras unidas y enrolle trenzando. Presione las orillas para sellar.

7 Pase a una charola de hornear engrasada con aceite y cubra ligeramente con plástico adherente engrasado con aceite. Deje esponjar en un lugar templado durante 30 minutos.

8 Barnice con huevo batido y espolvoree con avena. Ponga en el horno precalentado durante 30 minutos aproximadamente o hasta que se dore y suene hueco al su base. Sirva la trenza caliente partiendo en rebanadas gruesas.

INGREDIENTES
Rinde 8 porciones

450 g/1 lb de harina simple fortificada
½ cucharadita de sal
1 sobre de 7 g/¼ oz de levadura seca, fácil de mezclar
300 ml/½ pt de leche caliente
15 g/½ oz de mantequilla derretida

PARA EL RELLENO:
225 g/8 oz de tocino, sin corteza
15 g/½ oz de mantequilla, derretida
175 g/6 oz de jitomates maduros, sin piel, sin semillas y picados
pimienta negra recién molida

TOQUE FINAL:
huevo batido, para barnizar
2 cucharaditas de avena

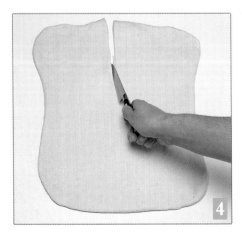
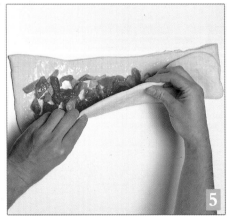
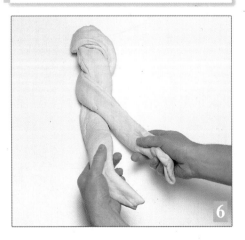

Pan Irlandés

1 Precaliente el horno a 200° C/ 400° F, durante 15 minutos antes de hornear. Cierna la harina, sal y bicarbonato sobre un tazón grande. Integre la mantequilla hasta que la mezcla asemeje finas migas de pan. Incorpore la avena y haga una fuente en el centro.

2 Mezcle la miel, crema buttermilk y leche. Agregue los ingredientes secos. Mezcle hasta formar una masa suave.

3 Amase sobre una superficie ligeramente enharinada de 2 a 3 minutos, hasta que la masa esté suave. Forme un círculo de 20.5 cm/ 8 in y coloque sobre una charola de hornear engrasada con aceite.

4 Espolvoree una capa gruesa de harina sobre la masa. Usando un cuchillo filoso, marque una x profunda en la superficie, hasta llegar a la mitad.

5 Coloque sobre la rejilla central del horno precalentado de 30 a 35 minutos o hasta que el pan se haya esponjado ligeramente, esté dorado y suene hueco cuando golpee su base. Deje enfriar sobre una rejilla de alambre. Coma recién hecho.

6 Para hacer pan integral, use harina integral en vez de harina blanca y añada una cucharada adicional de leche al mezclarla. Espolvoree la superficie con harina integral y hornee.

INGREDIENTES
Rinde 1 barra

400 g/14 oz de harina blanca simple, más 1 cucharada para espolvorear

1 cucharadita de sal

2 cucharaditas de bicarbonato de sodio

15 g/½ oz de mantequilla

50 g/2 oz de avena molida gruesa

1 cucharadita de miel de abeja clara

300 ml/½ pt de crema buttermilk

2 cucharadas de leche

VARIACIÓN INTEGRAL:

400 g/14 oz de harina integral simple, más 1 cucharada para espolvorear

1 cucharada de leche

Consejo Sabroso

Este pan de soda depende del agente elevador de bicarbonato de sodio, que al combinarse con la crema buttermilk ácida hace que se esponje. Si desea hacer un pan de soda estilo irlandés poco común, integre un manojo de pasitas y 2 cucharadas de semillas de amapola en el paso número 3. De acuerdo a una leyenda irlandesa, la cruz que se corta en la superficie del pan se hace para ahuyentar al demonio.

Tradicionales Scones al Horno

1 Precaliente el horno a 220° C/ 425° F, durante 15 minutos antes de hornear. Cierna la harina, polvo de hornear y sal sobre un tazón grande. Integre la mantequilla en la mezcla hasta que asemeje migas finas de pan. Integre el azúcar y mezcle con suficiente leche para hacer una masa suave.

2 Amase sobre una superficie ligeramente enharinada unos segundos hasta suavizar. Extienda hasta dejar de 2 cm/¾ in de toscamente y corte círculos de 6.5 cm/2½ in con un molde enharinado.

3 Coloque sobre una charola de hornear engrasada con aceite y barnice las superficies con leche (no barnice por los lados pues los scones no se elevarían adecuadamente). Espolvoree con un poco de harina simple.

4 Coloque en el horno precalentado de 12 a 15 minutos, o hasta que se esponjen lo suficiente y estén ligeramente dorados. Pase a una rejilla de alambre y sirva calientes o deje enfriar totalmente. (Los scones con deliciosos recién hechos, pero pueden guardarse en un recipiente hermético hasta por 2 días.)

5 Para los scones de limón y pasas, integre las pasas, ralladura de limón y azúcar. Extienda hasta dejar de 2 cm/ ¾ in de grueso y corte en 8 barras de 10 x 2.5 cm/4 x 1 in. Hornee los scones siguiendo las instrucciones.

INGREDIENTES
Rinde 8 porciones

225 g/8 oz de harina preparada para pastel (harina leudante)

1 cucharadita de polvo de hornear

1 pizca de sal

40 g/1½ oz de mantequilla, en cubos

15 g/½ oz de azúcar molida (caster)

150 ml/¼ pt de leche, más 1 cucharada para barnizar

1 cucharada de harina simple, para espolvorear

VARIACIÓN DE SCONE DE LIMÓN Y PASAS:

50 g/2 oz de pasas

ralladura de ½ limón

huevo batido, para barnizar

Consejo Sabroso

No hay nada mejor que los scones recién salidos del horno. Pártalos y rellene con una capa de jugosa mermelada de fresa y crema batida. Sirva los scones con una jarra de té negro para celebrar una deliciosa merienda vespertina.

Scones de Papa con Costra de Queso

1 Precaliente el horno a 220° C/ 425° F, durante 15 minutos antes de hornear. Cierna las harinas, sal y polvo de hornear sobre un tazón grande. Integre la mantequilla hasta que la mezcla asemeje finas migas de pan.

2 Integre 4 cucharadas de la leche en el puré de papa y sazone con pimienta negra.

3 Agregue los ingredientes secos a la mezcla de papas, mezclando con un tenedor y agregando la cucharada restante de leche si fuera necesario.

4 Amase sobre una superficie ligeramente enharinada unos segundos hasta suavizar. Extienda para formar un círculo de 15 cm/ 6 in y pase a una charola de hornear engrasada con aceite.

5 Con un pequeño cuchillo filoso, marque 6 rebanadas sobre el círculo, cortando hasta la mitad.

6 Barnice con leche, espolvoree con el queso y un poco de paprika.

7 Hornee en la parilla central del horno precalentado durante 15 minutos o hasta que se eleve y dore.

8 Pase a una rejilla de alambre y deje enfriar 5 minutos antes de partir en rebanadas.

9 Sirva caliente o deje enfriar totalmente. Una vez frío, almacene en un recipiente hermético. Adorne con una rama de albahaca, parta y unte con mantequilla.

INGREDIENTES
Rinde 6 porciones

200 g/7 oz de harina preparada para pastel (harina leudante)
25 g/1 oz de harina integral
½ cucharadita de sal
1½ cucharaditas de polvo para hornear
25 g/1 oz de mantequilla, en cubos
5 cucharadas de leche
175 g/6 oz de puré de papa frío
pimienta negra recién molida

TOQUE FINAL:
2 cucharadas de leche
40 g/1½ oz de queso Cheddar maduro, finamente rallado
paprika para espolvorear
rama de albahaca, para adornar

Dato Culinario

El scone supuestamente tomó su nombre de la Piedra del Destino (o piedra de la abadía de Scone) en Escocia, en donde antiguamente eran coronados los reyes de Escocia.

Panqué de Limón con Nueces y Miel

1 Precaliente el horno a 170° C/ 325° F, durante 10 minutos antes de hornear. Engrase ligeramente con aceite y cubra la base de un molde para pan de 900 g/2 lb con papel engrasado

2 Cierna la harina y polvo de hornear sobre un tazón grande.

3 Integre la mantequilla hasta que la mezcla asemeje migas finas de pan. Incorpore el azúcar molida (caster) y las nueces.

4 Bata los huevos con la leche y ralladura de limón. Integre la miel maple. Agregue los ingredientes secos y mezcle suavemente hasta integrar por completo y obtener una consistencia de caída suave.

5 Ponga la mezcla en el molde preparado y aplane la superficie

con el revés de una cuchara. Coloque en la parilla central del horno precalentado de 50 a 60 minutos, o hasta que el pastel se haya elevado y dorado ligeramente. Si al insertar un palillo en el centro sale limpio, el pastel estará listo.

6 Deje el pastel en el molde aproximadamente 10 minutos, saque y deje enfriar sobre una rejilla de alambre. Retire cuidadosamente el papel encerado.

7 Cierna el azúcar sobre un tazón pequeño e integre el jugo de limón para hacer un glaseado ligero.

8 Adorne la superficie del pan con el glaseado y las nueces picadas. Deje reposar, corte en rebanadas gruesas y sirva.

INGREDIENTES
Rinde para 12 rebanadas

350 g/12 oz de harina simple
1 cucharadita de polvo para hornear
175 g/6 oz de mantequilla, en cubos
75 g/3 oz de azúcar molida (caster)
125 g/4 oz de nueces, picadas
  toscamente
3 huevos medianos
1 cucharada de leche
ralladura fina de 1 limón
5 cucharadas de miel maple

PARA EL GLASEADO:
75 g/3 oz de azúcar glass
1 cucharada de jugo de limón
25 g/1 oz de nueces, picadas
  toscamente

Dato Culinario

La miel maple está hecha con la savia del árbol de maple y tiene un sabor intensamente dulce, parecido a la vainilla. Es importante diferenciar entre la auténtica y las imitaciones baratas que son mieles con sabor a maple y contienen saborizantes artificiales.

Consejo

Si la superficie del pastel empieza a dorarse demasiado durante el cocimiento, cubra ligeramente con un trozo de papel aluminio.

Panqué de Fruta Picada

1 Precaliente el horno a 180° C/ 350° F, durante 10 minutos antes de hornear. Engrase con aceite y forre con papel encerado la base de un molde para pan de 900 g/2 lb.

2 Cierna la harina y mezcla de especias sobre un tazón grande. Agregue la mantequilla e integre hasta que la masa asemeje migas finas de pan.

3 Reserve 2 cucharadas de las hojuelas de almendras e integre el resto con las cerezas glaseadas y azúcar.

4 Haga una fuente en el centro de los ingredientes secos. Bata ligeramente los huevos, integre la fruta picada, ralladura de limón y brandy o leche.

5 Agregue la mezcla de huevo e integre. Coloque en el molde preparado, aplane la superficie con el revés de una cuchara, y adorne con las hojuelas de almendras reservadas.

6 Coloque sobre la rejilla central del horno precalentado durante 30 minutos. Tape con papel aluminio para evitar que las almendras se doren demasiado. Hornee 30 minutos más o hasta que se esponje y que al insertar un palillo en el centro salga limpio.

7 Deje en el molde durante 10 minutos antes de retirarlo y enfriarlo sobre una rejilla de alambre. Retire el papel encerado, corte en rebanadas gruesas y sirva.

INGREDIENTES
Rinde para 12 rebanadas

225 g/8 oz de harina preparada para pastel (harina leudante)

½ cucharadita de mezcla de especias molidas

125 g/4 oz de mantequilla fría, en cubos

75 g/3 oz de hojuelas de almendras

25 g/1 oz de cerezas glaseadas, lavadas, secas y en cuartos

75 g/3 oz de azúcar mascabado claro

2 huevos medianos

250 g/9 oz de fruta picada

1 cucharadita de ralladura de limón

2 cucharaditas de brandy o leche

Dato Culinario

Tradicionalmente este pan contenía carne de res, pero ahora se omite. Los pays de fruta picada son parte de las celebraciones de Navidad en la Gran Bretaña. Hay muchas recetas diferentes y la mayoría contiene grasa. Además tradicionalmente se usó la grasa de la carne de res. Sin embargo, con el surgimiento del vegetarianismo, la grasa se omite actualmente.

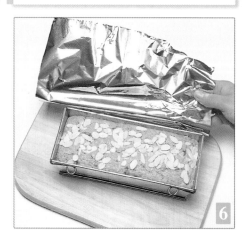

Panqué Mármol de Chocolate y Naranja

1 Precaliente el horno a 180° C/ 360° F. Engrase ligeramente con aceite un molde para pan de 450 g/1 lb y cubra la base con papel encerado para hornear.

2 Coloque el chocolate en un tazón sobre una olla, con agua muy caliente. Mueva ocasionalmente hasta derretir. Retire y deje reposar hasta que se enfríe, pero no se endurezca.

3 Mientras tanto, acreme la mantequilla, azúcar y ralladura de naranja hasta que esté pálida y esponjosa. Gradualmente agregue los huevos batidos, batiendo después de cada adición.

4 Cierna la harina, agregue el jugo de naranja y envuelva con una cuchara de metal o espátula de hule. Divida la mezcla a la mitad en dos tazones separados. Integre la cocoa en polvo y el chocolate en una mitad de la mezcla.

5 Coloque cucharadas de cada mezcla en el molde preparado, alternando las mezclas de naranja y chocolate. Mezcle los colores ligeramente con un cuchillo dándole efecto marmoleado.

6 Coloque en el horno precalentado durante 40 minutos, o hasta que esté firme y que al insertar un palillo en su centro salga limpio. Deje reposar 5 minutos en el molde, saque y deje enfriar en una rejilla de alambre. Retire cuidadosamente el papel encerado.

7 Espolvoree el pastel con azúcar glass y la cocoa en polvo. Corte en rebanadas gruesas y sirva.

INGREDIENTES
Rinde para 6 rebanadas

50 g/2 oz de chocolate oscuro
125 g/4 oz de mantequilla, suavizada
125 g/4 oz de azúcar molida (caster)
ralladura de 1 naranja
2 huevos medianos, batidos
125 g/4 oz de harina preparada para pastel (harina leudante)
2 cucharaditas de jugo de naranja
1 cucharada de cocoa en polvo, cernida

TOQUE FINAL:
1 cucharada de azúcar glass
1 cucharadita de cocoa en polvo

aConsejo Sabroso

Para hacer un glaseado de queso crema para este pastel, bata 75 g/3 oz del queso crema con 1 ó 2 cucharadas de leche hasta suavizar. Agregue una pizca de sal, 1 cucharadita de extracto de vainilla y 225 g/8 oz de azúcar glass; mezcle. Extienda sobre la superficie del pastel cuando se enfríe.

Pan de Manzana para la Hora del Té

1 Precaliente el horno a 180° C/ 350° F. Engrase con aceite la base de un molde para pan de 900 g/2 lb y cubra con papel encerado para hornear.

2 En un cazo pequeño, coloque la mantequilla, azúcar, pasas y jugo de manzana. Caliente suavemente, moviendo de vez en cuando, hasta que la mantequilla se derrita. Pase a un tazón y deje enfriar.

3 Integre la manzana picada y huevos batidos. Cierna la harina, especias y bicarbonato sobre la mezcla de manzanas.

4 Incorpore a la mezcla de pasas, coloque en el molde preparado y aplane la superficie con el revés de una cuchara.

5 Remoje las rebanadas de manzana en jugo de limón y acomode sobre el pan.

6 Coloque en el horno precalentado 50 minutos. Cubra con papel aluminio para evitar que se dore demasiado.

7 Hornee de 30 a 35 minutos o hasta que al insertar un palillo en el centro, salga limpio.

8 Deje reposar dentro del molde 10 minutos antes de sacarlo y déjelo enfriar sobre una rejilla de alambre.

9 Barnice la superficie con golden syrup o miel maple y deje enfriar. Retire el papel encerado, corte en rebanadas gruesas y sirva con rizos de mantequilla.

INGREDIENTES
Rinde para 12 rebanadas

125 g/4 oz de mantequilla
125 g/4 oz de azúcar morena
275 g/10 oz de pasas
150 ml/¼ pt de jugo de manzana
1 manzana sin piel, descorazonada y picada
2 huevos medianos, batidos
275 g/10 oz de harina simple
½ cucharadita de canela molida
½ cucharadita de jengibre molido
2 cucharaditas de bicarbonato de sodio
rizos de mantequilla, para acompañar

PARA DECORAR:

1 manzana, descorazonada y rebanada
1 cucharadita de jugo de limón
1 cucharada de golden syrup o miel maple, caliente

Consejo Sabroso

Si desea una versión envinada de este pastel, remoje las pasas en brandy toda la noche antes de agregarlas en el paso número 2. Para obtener una textura más húmeda, agregue una zanahoria rallada con la manzana en el paso número 3.

Pastel de Queso al Limón y Pasas

1 Precaliente el horno a 170° C/ 325° F. Engrase con aceite un molde para pastel con base desmontable y cubra con papel encerado para hornear.

2 Bata 50 g/2 oz de azúcar con la mantequilla hasta que esté clara y cremosa, integre la harina preparada para pastel (harina leudante), polvo para hornear y 1 huevo.

3 Mezcle ligeramente hasta integrar por completo. Pase al molde preparado y extienda sobre la base. Separe los 4 huevos restantes y reserve.

4 Bata el queso en el procesador de alimentos hasta suavizar. Gradualmente, agregue las yemas de los huevos y el azúcar y mezcle hasta suavizar. Coloque en un tazón e incorpore la harina restante, ralladura de limón y jugo.

5 Mezcle ligeramente antes de agregar la crema ácida (crème fraîche) y las pasas, integre.

6 Bata las claras de huevo hasta endurecerlas, envuelva con la mezcla de queso y coloque en el molde. Golpee ligeramente en la base para retirar las burbujas de aire. Ponga en el horno precalentado durante 1 hora aproximadamente, o hasta que esté dorado y firme.

7 Si se está dorando demasiado, tape ligeramente. Apague el horno y deje reposar dentro de él de 2 a 3 horas.

8 Retire el pastel de queso del horno y, cuando esté totalmente frío, retire del molde. Espolvoree con azúcar glass, decore con las zarzamoras y hojas de menta; sirva.

INGREDIENTES
Rinde para 10 rebanadas

275 g/10 oz de azúcar molida (caster)
50 g/2 oz de mantequilla
50 g/2 oz de harina preparada para pastel
½ cucharadita de polvo para hornear
5 huevos grandes
450 g/1 lb de queso crema
40 g/1½ oz de harina simple
ralladura de 1 limón
3 cucharadas de jugo de limón fresco
150 ml/¼ pt de crema ácida
75 g/3 oz de pasas

PARA DECORAR:
1 cucharada de glass
zarzamoras y hojas de menta

Consejo Sabroso

Varíe el sabor agregando un poco de nuez moscada recién rallada y ½ cucharadita de canela molida a la base en el paso número 2. Agregue un poco de ambas especias al azúcar glass antes de espolvorearla.

Migas Crujientes de Ruibarbo

1 Precaliente el horno a 180° C/ 350° F. Coloque la harina en un tazón grande y corte la mantequilla en cubos. Agregue la harina e integre con las yemas de sus dedos hasta que la mezcla parezca finas migas de pan, o mezcle unos segundos en un procesador de alimentos.

2 Incorpore la avena, azúcar demerara o de grano grande, semillas de ajonjolí y canela. Mezcle y reserve.

3 Prepare el ruibarbo retirando las puntas gruesas de los tallos y corte diagonalmente en trozos de 2.5 cm/1 in. Lave y seque con una toalla de cocina limpia. Coloque el ruibarbo en un refractario para pay de 1 litro/2 pt.

4 Espolvoree el azúcar molida (caster) sobre el ruibarbo y cubra con la mezcla reservada de migas. Reparta las migas para cubrir toda la fruta y presione firmemente. Si desea, espolvoree la superficie con un poco más de azúcar molida (caster).

5 Coloque sobre una charola de hornear y ponga en el horno precalentado de 40 a 50 minutos, o hasta que la fruta esté suave y la cubierta esté dorada. Espolvoree el pudín con un poco más de azúcar molida (caster) y sirva caliente acompañando con natilla o crema.

INGREDIENTES
Rinde 6 porciones

125 g/4 oz de harina simple
50 g/2 oz de mantequilla, suavizada
50 g/2 oz de avena
50 g/2 oz de azúcar demerara o de grano grande
1 cucharada de semillas de ajonjolí
½ cucharadita de canela molida
450 g/1 lb de ruibarbo fresco
50 g/2 oz de azúcar molida (caster)
natilla o crema, para acompañar

Consejo Sabroso

Para hacer natilla casera, vierta 600 ml/1 pt de leche con unas gotas de extracto de vainilla en una olla y hierva. Retire del calor y deje enfriar. Mientras tanto, bata 5 yemas de huevo con 3 cucharadas de azúcar molida (caster) en un tazón hasta que estén claras y espesas. Agregue la leche, mezcle y cuele sobre un cazo de base gruesa. Cocine la natilla a calor bajo, moviendo constantemente hasta lograr la consistencia de una crema dulce para batir. Vierta sobre el postre de ruibarbo y sirva.

Tarta Fácil con Glaseado

1 Precaliente el horno a 200° C/ 400° F. Coloque la harina y la sal sobre un tazón, e integre la mantequilla y la manteca vegetal, hasta que la mezcla parezca migas de pan. O, si lo desea, mezcle rápidamente, en plazos cortos en un procesador de alimentos.

2 Agregue los huevos con suficiente agua para hacer una masa suave y flexible. Amase ligeramente sobre una tabla enharinada y refrigere aproximadamente 30 minutos. Extienda la pasta y use para cubrir un molde de 23 cm/ 9 in con base desmontable.

3 Para el relleno, mezcle la mantequilla derretida con el azúcar, almendras y huevos batidos; agregue unas gotas de esencia de almendra. Extienda la jalea de frambuesa sobre la base de pasta y cubra con la mezcla de huevo.

4 Coloque en el horno precalentado aproximadamente 30 minutos, o hasta que el relleno esté firme y dorado. Retire del horno y deje enfriar totalmente.

5 Cuando la tarta se enfríe, haga el glaseado mezclando el azúcar glass y el jugo de limón, poco a poco, hasta que el glaseado esté suave y tenga una consistencia adecuada para poder untarlo.

6 Extienda el glaseado sobre la tarta, deje reposar de 2 a 3 minutos y adorne con las almendras. Refrigere durante 10 minutos aproximadamente y sirva.

Consejo Sabroso

Esta tarta es deliciosa si se sirve con cucharadas de yogurt griego o helado de vainilla tradicional. No es indispensable usar jalea de frambuesa en esta receta. Si no la encuentra, use cualquier jalea que no tenga semillas. La jalea de ciruela pasa puede funcionar muy bien.

INGREDIENTES
Rinde para 8 rebanadas

PARA LA PASTA:
175 g/6 oz de harina simple
1 pizca de sal
60 g/2½ oz de mantequilla, cortada en trozos pequeños
50 g/2 oz de manteca vegetal blanca, cortada en trozos pequeños
2 yemas de huevos pequeños, batidas

PARA EL RELLENO:
125 g/4 oz de mantequilla, derretida
125 g/4 oz de azúcar molida (caster)
125 g/4 oz de almendras molidas
2 huevos grandes, batidos
algunas gotas de esencia de almendra
2 cucharadas de jalea de frambuesa sin semillas

PARA EL GLASEADO:
125 g/4 oz de azúcar glass, cernida
6 a 8 cucharaditas de jugo de limón
25 g/1 oz de hojuelas de almendra tostadas

Pastel de Durazno y Almendras

1 Precaliente el horno a 180° C/ 350° F. Engrase con aceite un molde cuadrado de 20.5 cm/8 in y cubra con papel encerado para hornear.

2 Espolvoree con azúcar y hojuelas de almendras, acomode las mitades de chabacanos con su lado partido hacia abajo.

3 En un tazón grande, acreme la mantequilla con el azúcar hasta que esté clara y esponjada.

4 Bata e integre gradualmente los huevos con la mezcla de mantequilla, añadiendo una cucharada de harina después de agregar cada huevo.

5 Cuando haya incorporado todos los huevos, integre la harina restante y almendras tostadas.

6 Agregue la esencia de almendra y los chabacanos confitados; mezcle.

7 Coloque la mezcla en el molde preparado, teniendo cuidado de no desordenar los chabacanos. Coloque en el horno precalentado 1 hora o hasta que esté dorado y firme al tacto.

8 Retire del horno y deje enfriar ligeramente de 15 a 20 minutos. Saque del molde cuidadosamente, retire el papel encerado y pase a un platón. Vierta la miel sobre el pastel, adorne con las almendras tostadas y sirva.

INGREDIENTES
Rinde para 10 rebanadas

2 cucharadas de azúcar demerara o de grano grande

25 g/1 oz de hojuelas de almendras

1 lata de 400 g de chabacanos en mitades, drenados

225 g/8 oz de mantequilla

225 g/8 oz de azúcar molida (caster)

4 huevos medianos

200 g/7 oz de harina preparada para pastel (harina leudante)

25 g/1 oz de almendras molidas

½ cucharadita de esencia de almendra

50 g/2 oz de chabacanos confitados, picados

3 cucharadas de miel de abeja clara

2 cucharadas de almendras, picadas toscamente y tostadas

Consejo

Este pastel dura de 3 a 5 días si se almacena adecuadamente. Deje enfriar totalmente, retire del molde y deseche el papel encerado. Almacene en un recipiente hermético cubierto con papel encerado o papel para hornear en un lugar fresco.

Pudín Royal

1 Precaliente el horno a 170° C/ 325° F. Engrase con aceite un refractario para pay de 900 ml/1½ pt y reserve.

2 En un tazón, mezcle las migas de pan con el azúcar.

3 Vierta la leche en un cazo pequeño y caliente suavemente con la mantequilla y la ralladura de limón hasta que se derrita la mantequilla.

4 Deje enfriar la mezcla y vierta sobre las migas de pan. Mezcle y deje remojar 30 minutos.

5 Bata las yemas de huevo con la mezcla de migas de pan y vierta en el refractario preparado.

6 Coloque el refractario sobre una charola de hornear en el horno precalentado durante 30 minutos, o hasta que esté firme y listo. Retire del horno.

7 Deje enfriar ligeramente, extienda la jalea sobre el pudín. Bata las claras de huevo hasta formar picos duros.

8 Integre el azúcar molida (caster) envolviendo con una cuchara de metal o espátula de hule. Coloque el merengue sobre el pudín.

9 Vuelva a colocar el refractario en el horno de 25 a 30 minutos más o hasta que el merengue esté crujiente y ligeramente dorado. Sirva caliente o frío.

INGREDIENTES
Rinde 4 porciones

75 g/3 oz de migas frescas de pan blanco

25 g/1 oz de azúcar granulada

450 ml/¾ pt de leche entera

25 g/1 oz de mantequilla

ralladura de 1 limón pequeño

2 huevos medianos, separados

2 cucharadas de jalea de frambuesa sin semillas

50 g/2 oz de azúcar molida (caster)

Consejo

Para batir las claras de huevo se necesita un tazón totalmente limpio y sin restos de grasa. Para asegurar que no se baje el merengue, bata las claras de huevo hasta que estén a punto de turrón. Agregue el azúcar gradualmente, una cucharada a la vez, batiendo bien después de cada adición. Coloque en el horno inmediatamente después de haber agregado todo el azúcar.

Crème Brûlée con Frambuesas Azucaradas

1 Precaliente el horno a 150° C/ 300° F. Vierta la crema a un tazón y coloque sobre un cazo con agua. Caliente a fuego lento, pero no deje hervir.

2 Mientras tanto, bata las yemas de huevo con 50 g/2 oz de azúcar molida (caster) y el extracto de vainilla. Cuando la crema esté caliente, vierta sobre la mezcla de huevos batiendo hasta incorporar por completo.

3 Vacíe en 6 ramekins o platos de postre individuales y coloque dentro de un recipiente para asar.

4 Agregue suficiente agua al recipiente hasta cubrir la mitad de los lados de los platos.

5 Coloque en el horno precalentado durante 1 hora, o hasta que estén firmes. (Para revisar si está listo, inserte cuidadosamente un palillo en el centro, si sale limpio es que ya está listo.)

6 Retire los pudines del recipiente para asar y deje enfriar. Refrigere de preferencia durante toda la noche.

7 Espolvoree el azúcar sobre la superficie de cada plato y coloque los pudines bajo un asador caliente.

8 Cuando el azúcar se haya caramelizado y dorado, retire del calor y deje enfriar. Refrigere de 2 a 3 horas antes de servir.

9 Cubra las frambuesas con el azúcar molida (caster) restante y coloque sobre cada postre. Sirva con un poco de crema si desea.

INGREDIENTES
Rinde 6 porciones

600 ml / 1 pt de crema recién batida
4 yemas de huevos medianos
75 g/3 oz de azúcar molida (caster)
½ cucharadita de extracto de vainilla
25 g/1 oz de azúcar demerara o de grano grande
175 g/6 oz de frambuesas frescas

Consejo

La mayoría de los chefs usan antorchas para quemar el azúcar moscabado en el paso número 5, ya que es la forma más rápida de caramelizar la superficie de este postre. Tenga mucho cuidado si usa una antorcha, especialmente al encenderla. Si no, use el asador, asegurándose de que esté muy caliente y que el postre esté totalmente frío antes de caramelizar la superficie de azúcar. Esto evitará que se derrita la natilla.

Pudín Esponjoso de Chocolate con Fudge

1 Precaliente el horno a 170° C/ 325° F. Engrase con aceite un plato para pay de 900 ml/1½ pt.

2 En un tazón grande, acreme la mantequilla y el azúcar hasta aclarar y esponjar.

3 Integre el chocolate derretido, harina, chocolate líquido y huevo. Mezcle.

4 Pase la mezcla al plato preparado y aplane la superficie.

5 Para hacer la salsa de fudge, mezcle el azúcar morena, cocoa en polvo y nueces. Coloque uniformemente sobre la superficie del pudín.

6 Mezcle el azúcar molida (caster) con el café negro y caliente hasta que se disuelva.

7 Vierta cuidadosamente el café sobre la superficie del pudín.

8 Coloque en el horno precalentado de 50 a 60 minutos, hasta que la superficie esté firme al tacto. Quedará una deliciosa salsa debajo del pudín esponjoso.

9 Retire del horno, espolvoree con azúcar glass y sirva caliente con crema ácida (crème fraîche).

INGREDIENTES
Rinde 4 porciones

75 g/3 oz de mantequilla
75 g/3 oz de azúcar molida (caster)
50 g/2 oz de chocolate oscuro, derretido
50 g/2 oz de harina preparada para pastel (harina leudante)
25 g/1 oz de chocolate líquido
1 huevo grande
1 cucharada de azúcar glass para espolvorear
crema ácida (crème fraîche), para acompañar

SALSA DE FUDGE:

50 g/2 oz de azúcar morena
1 cucharada de cocoa en polvo
40 g/1½ oz de nueces, picadas toscamente
25 g/1 oz de azúcar molida (caster)
300 ml/½ pt de café negro, fuerte y caliente

Consejo Sabroso

Intente colocar 6 ciruelas rojas frescas y en mitades en la base del plato antes de agregar el pudín esponjoso de chocolate preparado.

Pudín Eva

1 Precaliente el horno a 180° C/ 350° F. Engrase con aceite un refractario de 1 litro/2 pt.

2 Pele, descorazone y rebane las manzanas. Coloque una capa de manzanas en la base del refractario.

3 Cubra con algunas zarzamoras, un poco de azúcar demerara o de grano grande y la ralladura de limón.

4 Continúe con otra capa de manzana y zarzamoras hasta terminar con todos los ingredientes.

5 Acreme el azúcar con la mantequilla hasta que esté clara y esponjosa.

6 Bata el extracto de vainilla y los huevos al mismo tiempo, agregando una cucharada de harina después de cada adición. Integre la harina restante con una cuchara de metal o espátula de hule y mezcle.

7 Extienda la mezcla de esponja de pan sobre la fruta y empareje con el revés de una cuchara.

8 Coloque el refractario sobre una charola de hornear y ponga en el horno precalentado de 35 a 40 minutos, o hasta que se esponje y dore. (Para revisar si el pudín ya está cocido, presione la esponja de pan cocida ligeramente con un dedo limpio, si rebota, la esponja de pan está cocida.)

9 Espolvoree el pudín con un poco de azúcar glass y sirva de inmediato con la natilla.

INGREDIENTES
Rinde 6 porciones

450 g/1 lb de manzanas para cocinar

175 g/6 oz de zarzamoras

75 g/3 oz de azúcar demerara o de grano grande

ralladura de 1 limón

125 g/4 oz de azúcar molida (caster)

125 g/4 oz de mantequilla

gotas de extracto de vainilla

2 huevos medianos, batidos

125 g/4 oz de harina preparada para pastel (harina leudante)

1 cucharada de azúcar glass

natilla, para acompañar

Dato Culinario

El pudín Eva es un pudín clásico de Inglaterra y ha sido famoso desde principios del siglo XX. En aquella época había un sinnúmero de formas diferentes de cocinar las manzanas que crecían por todo el país. Desafortunadamente, muchas de esas manzanas han desaparecido actualmente.

3

6

7

Pudín de Limón y Chabacano

1 Precaliente el horno a 180° C/ 350° F. Engrase con aceite un plato para pay de 1 litro/2 pt.

2 Remoje los chabacanos en el jugo de naranja de 10 a 15 minutos o hasta que prácticamente se haya absorbido todo el jugo. Coloque en la base del refractario para pay.

3 Acreme la mantequilla con el azúcar y la ralladura de limón hasta que esté clara y esponjosa.

4 Separe los huevos. Incorpore las yemas, una por una, con la mezcla acremada y bata. Agregue una cucharada de harina después de cada adición. Agregue la harina restante y bata hasta suavizar.

5 Integre la leche y el jugo de limón a la mezcla de crema. En un tazón para mezclar, libre de grasa, bata las claras de huevo hasta que se formen picos duros y firmes. Mezcle con la crema envolviendo con una cuchara de metal o espátula de hule.

6 Vierta al plato preparado y coloque dentro de una charola de hornear con suficiente agua fría hasta cubrir la mitad del refractario.

7 Coloque en el horno precalentado durante 45 minutos, o hasta que la esponja de pan esté firme y dorada. Retire del horno. Sirva de inmediato con la natilla o crema fresca.

INGREDIENTES
Rinde 4 porciones

125 g/4 oz de chabacanos confitados

3 cucharadas de jugo de naranja, caliente

50 g/2 oz de mantequilla

125 g/4 oz de azúcar molida (caster)

ralladura y jugo de 2 limones

2 huevos medianos

50 g/2 oz de harina preparada para pastel (harina leudante)

300 ml/½ pt de leche

natilla o crema fresca, para acompañar

Consejo

Este pudín se cocina a baño maría para controlar la temperatura alrededor del refractario. El baño maría es ideal para cocinar natillas, salsas y otros platillos con huevo. Cuando lo use, asegúrese de que el agua no se suba.

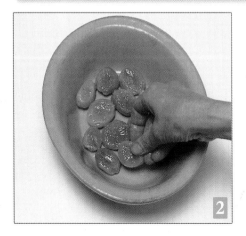

Pudín de Limón y Chabacano

1 Precaliente el horno a 180° C/ 350° F. Engrase con aceite un plato para pay de 1 litro/2 pt.

2 Remoje los chabacanos en el jugo de naranja de 10 a 15 minutos o hasta que prácticamente se haya absorbido todo el jugo. Coloque en la base del refractario para pay.

3 Acreme la mantequilla con el azúcar y la ralladura de limón hasta que esté clara y esponjosa.

4 Separe los huevos. Incorpore las yemas, una por una, con la mezcla acremada y bata. Agregue una cucharada de harina después de cada adición. Agregue la harina restante y bata hasta suavizar.

5 Integre la leche y el jugo de limón a la mezcla de crema. En un tazón para mezclar, libre de grasa, bata las claras de huevo hasta que se formen picos duros y firmes. Mezcle con la crema envolviendo con una cuchara de metal o espátula de hule.

6 Vierta al plato preparado y coloque dentro de una charola de hornear con suficiente agua fría hasta cubrir la mitad del refractario.

7 Coloque en el horno precalentado durante 45 minutos, o hasta que la esponja de pan esté firme y dorada. Retire del horno. Sirva de inmediato con la natilla o crema fresca.

Consejo

Este pudín se cocina a baño maría para controlar la temperatura alrededor del refractario. El baño maría es ideal para cocinar natillas, salsas y otros platillos con huevo. Cuando lo use, asegúrese de que el agua no se suba.

INGREDIENTES
Rinde 4 porciones

125 g/4 oz de chabacanos confitados
3 cucharadas de jugo de naranja, caliente
50 g/2 oz de mantequilla
125 g/4 oz de azúcar molida (caster)
ralladura y jugo de 2 limones
2 huevos medianos
50 g/2 oz de harina preparada para pastel (harina leudante)
300 ml/½ pt de leche
natilla o crema fresca, para acompañar

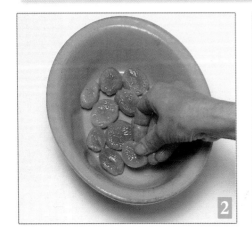

Tartaleta de Fresa

1 Precaliente el horno a 200° C/ 400° F. Coloque la harina, mantequilla y manteca vegetal en un procesador de alimentos y mezcle hasta que parezca migas finas de pan. Integre el azúcar y, mientras sigue mezclando, agregue la yema de huevo y suficiente agua para obtener una masa bastante dura. Amase ligeramente, tape con plástico adherente y refrigere 30 minutos.

2 Extienda la pasta y use para forrar un molde plano con base desmontable. Coloque una pieza de papel engrasado sobre la costra de pasta y cubra con frijoles o arroz para hornear. Ponga en el horno precalentado de 15 a 20 minutos, o hasta que esté firme. Reserve para enfriar.

3 Haga el relleno batiendo los huevos y el azúcar hasta que estén claros y espesos. Integre gradualmente la harina y la leche. Coloque en un cazo pequeño y hierva a fuego lento de 3 a 4 minutos, moviendo constantemente.

4 Agregue el extracto de vainilla al gusto, vierta en un tazón y deje enfriar. Tape con papel engrasado para evitar que se le forme una nata.

5 Cuando el relleno esté frío, bata hasta suavizar y vierta sobre la costra de pasta cocida. Rebane las fresas y acomode sobre el relleno. Decore con las hojas de menta y sirva.

INGREDIENTES
Rinde 6 porciones

PASTA DULCE:
175 g/6 oz de harina simple

50 g/2 oz de mantequilla

50 g/2 oz de manteca vegetal blanca

2 cucharaditas de azúcar molida (caster)

1 yema de huevo mediano, batida

PARA EL RELLENO:
1 huevo mediano, más 1 yema de huevo adicional

50 g/2 oz de azúcar molida (caster)

25 g/1 oz de harina simple

300 ml/½ pt de leche

algunas gotas de extracto de vainilla

450 g/1 lb de fresas, limpias y partidas

hojas de menta, para decorar

Consejo Sabroso

Decore el pay con una variedad de frutas. Acomode fresas, frambuesas, kiwis y zarzamoras sobre el relleno. Si desea, caliente 3 cucharadas de jalea de frambuesas sin semilla con 2 cucharaditas de jugo de limón. Mezcle hasta que esté suave y use para barnizar sobre la fruta. Deje reposar antes de servir.

Delicioso Pay de Ciruela Cubierto

1 Precaliente el horno a 200° C/ 400° F. Haga la pasta integrando la mantequilla y manteca vegetal blanca a la harina, hasta que parezca migas finas de pan; o mezcle en el procesador de alimentos. Añada las yemas de huevo y suficiente agua para hacer una masa suave. Amase ligeramente, envuelva con plástico adherente y refrigere aproximada-mente 30 minutos.

2 Mientras tanto, prepare la fruta. Enjuague y seque las ciruelas, corte en mitades y retire los huesos. Rebane en trozos y cocine en una olla con 25 g/1 oz de azúcar y 2 cucharadas de agua de 5 a 7 minutos, o hasta suavizar ligeramente. Retire del calor y agregue el azúcar restante y deje enfriar.

3 Extienda la mitad de la pasta refrigerada sobre una superficie enharinada y use para forrar la base y lados de un platón para pay de 1 litro/2 pt. Deje colgar la pasta sobre la orilla del platón. Agregue las ciruelas preparadas.

4 Extienda la pasta restante para hacer una tapa y barnice la orilla con un poco de agua. Envuelva la pasta alrededor del rodillo y coloque sobre las ciruelas.

5 Presione las orillas uniéndolas para sellar y haga una orilla decorativa alrededor del borde de la pasta, ondulando con sus dedos pulgar e índice o usando el revés de un tenedor.

6 Barnice la tapa con leche y haga unos cortes en la superficie. Use los recortes para decorar la superficie del pay con hojas de pasta. Coloque sobre una charola de hornear y ponga en el horno precalentado durante 30 minutos o hasta que se dore. Espolvoree con un poco de azúcar molida (caster) y sirva caliente o frío.

INGREDIENTES
Rinde 6 porciones

PARA LA PASTA:
75 g/3 oz de mantequilla
75 g/3 oz de manteca vegetal blanca
225 g/8 oz de harina simple
2 yemas de huevo mediano

PARA EL RELLENO:
450 g/1 lb de ciruelas frescas, de preferencia estilo Victoria
50 g/2 oz de azúcar molida (caster)
1 cucharada de leche
un poco de azúcar molida (caster) adicional

Consejo

Las ciruelas Victoria duran poco tiempo, de agosto a septiembre. Es mejor que las demás variedades importadas. También puede comprar ciruelas de la estación. Parta en mitades, almacene y congele y use cuando necesite.

Dumplings Horneados de Manzana

1 Precaliente el horno a 200° C/ 400° F. Engrase ligeramente con aceite una charola para hornear. Coloque la harina y la sal en un tazón e integre la manteca.

2 Agregue suficiente agua para obtener una masa suave pero no pegajosa usando las yemas de sus dedos.

3 Extienda la masa sobre una tabla ligeramente enharinada y amase levemente para hacer una bola.

4 Divida la masa en 4 piezas y extienda cada una para formar un cuadrado delgado, lo suficientemente grande para envolver las manzanas.

5 Pele y descorazone las manzanas. Coloque una manzana en el centro de cada cuadro de pasta.

6 Rellene el centro de la manzana con fruta picada, barnice las orillas de cada cuadro de pasta con agua y levante las orilla para unirlas sobre cada manzana.

7 Presione las orillas de la pasta para unir con firmeza y decore con hojas de pasta y formas diversas, hechas de los recortes sobrantes de pasta.

8 Coloque las manzanas sobre la charola preparada para hornear, barnice con la clara de huevo y espolvoree con el azúcar.

9 Hornee en el horno precalentado durante 30 minutos o hasta que se dore y que la pasta y las manzanas estén cocidas. Sirva los dumplings calientes con la natilla o salsa inglesa.

Consejo Sabroso

Para hacer fruta picada en casa, mezcle 125 g/4 oz de mezcla de frutas con 1 cucharada de hojuelas de almendras tostadas. Agregue 25 g/1 oz de mante-quilla, 2 cucharadas de azúcar mascabado claro y 1 cucharadita de especias mixtas como canela, clavo, etc. Caliente a calor bajo, mezclando. Coloque una cucharada en el centro de la manzana y continúe con la receta.

INGREDIENTES
Rinde 4 porciones

225 g/8 oz de harina preparada para pastel
¼ cucharadita de sal
125 g/4 oz de manteca, picada
4 manzanas para cocinar, medianas
4 a 6 cucharaditas de fruta picada
1 clara de huevo, batida
2 cucharaditas de azúcar molida (caster)
natilla o salsa inglesa, para acompañar

Consejo

Para hacer salsa inglesa, mezcle 1½ cucharadas de harina de trigo con 3 cucharadas de leche para obtener una suave pasta. Caliente no más de 300 ml/½ pt de leche sin dejar que llegue a hervir. Añada la pasta de harina de trigo y caliente a fuego lento, removiendo hasta que sea espesa y suave. Sáquela del fuego y añada 1 cucharada de azucar molido, un trozo de mantequilla y ½ cucharada de esencia de vainilla. Remueva hasta que el azúcar y la mantequilla se hayan derretido, y entonces sirva.

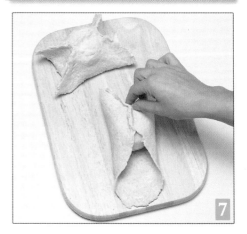

Niño Envuelto de Jalea

1 Precaliente el horno a 200° C/ 400° F. Para hacer la pasta cierna la harina con la sal sobre un tazón grande.

2 Agregue la manteca y mezcle ligeramente, añada el agua poco a poco y mezcle para formar una masa suave y flexible. (Tenga cuidado de no dejar la pasta demasiado húmeda.)

3 Coloque la masa sobre una tabla ligeramente enharinada y amase con cuidado hasta suavizar.

4 Extienda la pasta para formar un rectángulo de 23 cm/9 in x 28 cm/11 in.

5 Esparza la jalea sobre la pasta dejando alrededor una orilla de 1 cm/½ in. Doble las orillas sobre la jalea y barnice con agua.

6 Enrolle el rectángulo empezando por uno de sus lados cortos, selle la orilla y presione para sellar las puntas. (No lo apriete demasiado.)

7 Coloque el niño envuelto sobre un trozo grande de papel encerado lo suficientemente grande para cubrir hasta la mitad de los lados. (Si usa papel encerado, engrase ligeramente con aceite.)

8 Amarre las puntas del papel para hacer un recipiente de papel con forma de barco y así poder colocar el rollo dentro de él y dejar suficiente espacio para que se esponje.

9 Barnice el rollo ligeramente con leche y espolvoree con azúcar. Meta en el horno precalentado de 30 a 40 minutos, o hasta que se esponje y dore. Sirva de inmediato con la salsa de jalea.

INGREDIENTES
Rinde 6 porciones

225 g/8 oz de harina preparada para pastel (harina leudante)

¼ cucharadita de sal

125 g/4 oz de manteca picada

150 ml/¼ pt aproximadamente de agua

3 cucharadas de jalea de fresa

1 cucharada de leche, para barnizar

1 cucharadita de azúcar molida (caster)

salsa de jalea preparada, para acompañar

Consejo Sabroso

Para hacer la salsa de jalea, caliente 4 cucharadas de jalea de frambuesas sin semillas con 150 ml/¼ pt de agua o jugo de naranja. Mezcle hasta integrar. Aparte, integre 2 cucharaditas de arrurruz (arrowroot) con 1 cucharada de agua o jugo para hacer una pasta suave. Caliente la mezcla de jalea hasta cerca del punto de ebullición, e integre la mezcla de arrurruz. Cocine, moviendo hasta que la mezcla espese ligeramente y se aclare; sirva.

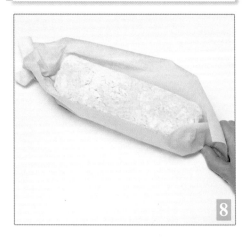

Tarta de Natilla

1 Precaliente el horno a 200° C/ 400° F. Engrase con aceite un molde o platón para tarta de 20.5 cm/8 in.

2 Coloque la mantequilla y manteca vegetal, en cubos pequeños, en un tazón grande y agregue la harina. Integre hasta que parezcan migas finas de pan.

3 Agregue el huevo, azúcar y suficiente agua para formar una masa suave. Amase en una tabla ligeramente enharinada. Envuelva con plástico adherente y refrigere 30 minutos.

4 Extienda sobre una superficie ligeramente enharinada y use para cubrir un molde de tarta engrasado con aceite. Refrigere y reserve.

5 Caliente la leche en un cazo pequeño. Bata los huevos, yema de huevo y azúcar molida (caster).

6 Integre la leche a la mezcla de huevos y bata hasta integrar por completo.

7 Cuele y vierta sobre la masa. Coloque el molde sobre una charola de hornear.

8 Espolvoree la superficie de la tarta con nuez moscada y ponga en el horno precalentado aproximadamente durante 15 minutos.

9 Reduzca la temperatura a 170° C/325° F y hornee 30 minutos más, o hasta que la natilla esté firme. Sirva caliente o fría.

INGREDIENTES
Rinde 6 porciones

PASTA DULCE:
50 g/2 oz de mantequilla
50 g/2 oz de manteca vegetal blanca
175 g/6 oz de harina simple
1 yema de huevo mediano, batida
2 cucharaditas de azúcar molida (caster)

PARA EL RELLENO:
300 ml/½ pt de leche
2 huevos medianos, más 1 yema de huevo mediano
25 g/1 oz de azúcar molida (caster)
½ cucharadita de nuez moscada recién molida

Consejo

Actualmente los huevos tienen un sello con la fecha, por lo que nos podemos asegurar de comerlos cuando están en su mejor punto. Otra forma de saber si un huevo está fresco, es colocar un huevo crudo en un tazón de agua, si se queda abajo está fresco; si se ladea no está tan fresco (use para freír o revolver); si flota, deséchelo.

Pudín de Castillo Dorado

1 Precaliente el horno a 180° C/ 350° F. Engrase ligeramente con aceite de 4 a 6 recipientes individuales y coloque en la base de cada uno un círculo pequeño de papel encerado o papel antiadherente para hornear, ligeramente engrasado con aceite.

2 En un tazón grande coloque la mantequilla y azúcar molida (caster), bata hasta que la mezcla esté clara y cremosa. Integre el extracto de vainilla y agregue gradualmente los huevos batidos, poco a poco. Agregue una cucharada de harina después de añadir cada huevo y bata.

3 Cuando la mezcla esté tersa, agregue la harina restante y envuelva suavemente. Añada una cucharada de agua y mueva para formar una mezcla suave que caiga fácilmente de una cuchara.

4 Ponga suficiente mezcla en cada recipiente hasta la mitad del molde, dejando suficiente espacio para que se esponje. Coloque sobre una charola de hornear, en el horno precalentado, durante 25 minutos aproximadamente, o hasta que estén firmes y dorados.

5 Deje reposar los pudines durante 5 minutos. Voltee sobre platos individuales y deseche el círculo de papel.

6 Caliente la golden syrup o miel maple en un cazo pequeño y vierta un poco sobre cada pudín. Sirva calientes con la crema ácida (crème fraîche) o natilla.

INGREDIENTES
Rinde 4 porciones–6

125 g/4 oz de mantequilla
125 g/4 oz de azúcar molida (caster)
unas gotas de extracto de vainilla
2 huevos medianos, batidos
125 g/4 oz de harina preparada para pastel (harina leudante)
4 cucharadas de golden syrup o miel maple
crema ácida (crème fraîche) o natilla preparada, para acompañar

Consejo

Para variar, haga el Pudín del Castillo tradicional colocando una cucharada de jalea en la base de cada recipiente. Cubra con la esponja de pan y hornee.

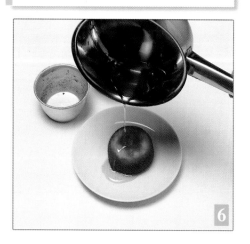

Pudín Universitario

1 Precaliente en horno a 180° C/ 350° F. Engrase ligeramente con aceite un refractario para pudín de 900 ml/1½ pt y coloque un círculo de papel encerado en su base.

2 Mezcle la manteca picada con las migas de pan e integre ligeramente con las yemas de sus dedos para deshacer las bolas.

3 Integre la fruta seca, especias, azúcar y polvo para hornear. Agregue los huevos y bata ligeramente hasta que se integre la mezcla por completo y la fruta esté distribuida uniformemente.

4 Pase la mezcla al molde para pudín preparado y aplane la superficie. Coloque sobre una charola de hornear y tape ligeramente con de papel engrasado.

5 Coloque en el horno precalentado 20 minutos, retire el papel y continúe horneando de 10 a 15 minutos, o hasta que la superficie esté firme.

6 Cuando el pudín esté cocido, retire del horno y voltee cuidadosamente sobre un platón caliente. Decore con la ralladura de naranja y sirva de inmediato.

INGREDIENTES
Rinde 4 porciones

125 g/4 oz de manteca vegetal, picada

125 g/4 oz de migas de pan blanco, fresco

50 g/2 oz de pasas sultanas

50 g/2 oz de pasitas

½ cucharadita de canela molida

¼ cucharadita de nuez moscada, recién molida

¼ cucharadita de mezcla de especias

50 g/2 oz de azúcar molida (caster)

½ cucharadita de polvo para hornear

2 huevos medianos, batidos

ralladura de naranja, para adornar

Consejo Sabroso

Como muchos otros pudines de manteca, esta receta es bastante barata. Si desea más sabor a fruta, agregue a la mezcla un poco de puré de manzana. Para hacerlo, pele, descorazone y pique 1 manzana para cocinar. Coloque en un cazo con 25 g/1 oz de azúcar y 4 cucharadas de agua. Hierva a fuego lento hasta suavizar pero que no se separe. Machaque toscamente. Agregue el puré a la mezcla en el paso número 3 y siga las instrucciones.

Pudín de Cereza

1 Precaliente el horno a 220° C/ 425° F. Engrase ligeramente con aceite un refractario poco profundo.

2 Enjuague las cerezas, escurra y retire los huesos (usando un desemillador de huesos de cereza, si fuera posible). Si usa cerezas de lata, drene, deseche el jugo y coloque en el plato preparado.

3 Cierna la harina y sal sobre un tazón grande. Integre 2 cucharadas del azúcar molida (caster) y haga una fuente en el centro. Bata los huevos, coloque en la fuente de ingredientes secos.

4 Caliente la leche y vierta lentamente en la fuente, batiendo y llevando al centro la harina que quede en los lados del tazón. Continúe hasta formar una masa suave.

5 Derrita la mantequilla en un cazo pequeño sobre calor bajo, integre a la masa con el ron. Reserve 15 minutos, bata una vez más hasta que esté terso y fácil de verter.

6 Coloque en el refractario preparado y ponga en el horno precalentado de 30 a 35 minutos o hasta que esté dorado y firme.

7 Retire el pudín del horno, espolvoree con el azúcar restante y sirva caliente con bastante crema fresca.

INGREDIENTES
Rinde 4 porciones

450 g/1 lb de cerezas frescas (o 1 lata de 425 g de cerezas sin hueso)

50 g/2 oz de harina simple

1 pizca de sal

3 cucharadas de azúcar molida (caster)

2 huevos medianos

300 ml/½ pt de leche

40 g/1½ oz de mantequilla

1 cucharada de ron

azúcar molida (caster) adicional, para espolvorear

crema fresca, para acompañar

Dato Culinario

El nombre tradicional para esta especialidad francesa es Clafoutis. Para obtener ese sabor adicional a cereza es buena idea sustituir el ron de esta receta por kirsch una eau-de-vie más que un licor que está hecho de piñas de pino y jugo de cereza para producir el brandy. Está hecho en Alsacia así como en la región de la Selva Negra en Alemania.

3

4

6

Migas de Manzana y Canela Betty

1 Precaliente el horno a 180° C/ 350° F. Engrase ligeramente con aceite un refractario de 900 ml/ 1½ pt. Pele, descorazone y rebane las manzanas. Coloque en una olla con el azúcar molida (caster), ralladura de limón y 2 cucharadas de agua. Hierva a fuego lento de 10 a 15 minutos, o hasta que esté suave.

2 Mezcle las migas de pan con el azúcar y la canela. Coloque la mitad de las manzanas dulces en la base del refractario preparado y cubra con cucharadas de la mezcla preparada. Añada las manzanas restantes y cubra una vez más con la mezcla de migas restante.

3 Derrita la mantequilla y ponga sobre la superficie del pudín. Tape el plato con papel de hornear antiadherente y meta al horno precalentado durante 20 minutos. Retire el papel y hornee de 10 a 15 minutos más, o hasta dorar.

4 Mientras tanto, haga la natilla batiendo las yemas de huevo con el azúcar hasta acremar. Mezcle 1 cucharada de la leche con la fécula de maíz hasta formar una pasta y reserve.

5 Caliente la leche restante hasta que empiece a hervir y vierta sobre la mezcla de huevo con la pasta y el extracto de vainilla.

6 Coloque el tazón sobre una sartén para salsa con agua hirviendo a fuego lento. Mezcle sobre el calor hasta espesar lo suficiente para poder cubrir el revés de una cuchara. Cuele hacia un tarro y sirva caliente sobre el pudín.

INGREDIENTES
Rinde 4 porciones

450 g/1 lb de manzanas para cocinar
50 g/2 oz de azúcar molida (caster)
ralladura fina de 1 limón
125 g/4 oz de migas de pan blanco, fresco
125 g/4 oz de azúcar demerara o de grano grande
½ cucharadita de canela molida
25 g/1 oz de mantequilla

PARA LA NATILLA:
3 yemas de huevo mediano
1 cucharada de azúcar molida (caster)
500 ml/1 pt de leche
1 cucharada de fécula de maíz
gotas de extracto de vainilla

Consejo Sabroso

Para obtener una natilla llena de sabor y más elegante, sustituya la leche de esta receta por crema dulce para batir y aumente el número de yemas de huevo que se usa en el paso número 4.

Tarta Enrejada de Melaza

1 Precaliente el horno a 190° C/ 375° F. Haga la pasta poniendo la harina, mantequilla y manteca vegetal en un procesador de alimentos. Mezcle en plazos cortos y fuertes hasta que la mezcla parezca migas finas de pan. Retire del procesador y coloque sobre una charola para pasta o un tazón grande.

2 Integre suficiente agua fría para hacer una masa y amase en el tazón grande o sobre una superficie enharinada hasta que esté suave y flexible.

3 Extienda la pasta y use para cubrir un molde o platón para tartaleta con borde ondulado y base desmontable de 20.5 cm/8 in. Reserve los recortes de pasta para decorar. Refrigere 30 minutos.

4 Mientras tanto, coloque la golden syrup o miel maple en un cazo y caliente suavemente con el jugo y la ralladura de limón para hacer el relleno. Agregue las migas de pan a la costra de pasta y cubra con la mezcla de miel.

5 Extienda los recortes de pasta sobre una superficie ligeramente enharinada y corte de 6 a 8 tiras delgadas. Humedezca ligeramente la orilla de la pasta, y coloque las tiras sobre el relleno haciendo cuadros que simulen un enjambre. Barnice las orillas de las tiras con agua y selle con la orilla de la tarta. Barnice con un poco de huevo batido sobre la pasta y hornee en el horno precalentado durante 25 minutos o hasta que el relleno esté firme. Sirva caliente o frío.

INGREDIENTES
Rinde 4 porciones

PARA LA PASTA:
175 g/6 oz de harina simple
40 g/1½ oz de mantequilla
40 g/1½ oz de manteca vegetal blanca

PARA EL RELLENO:
225 g/8 oz de golden syrup o miel maple
jugo y ralladura fina de 1 limón
75 g/3 oz de migas de pan blanco, fresco
1 huevo pequeño, batido

Consejo Sabroso

¿Por qué no sustituir las migas de pan por la misma cantidad de coco deshidratado?

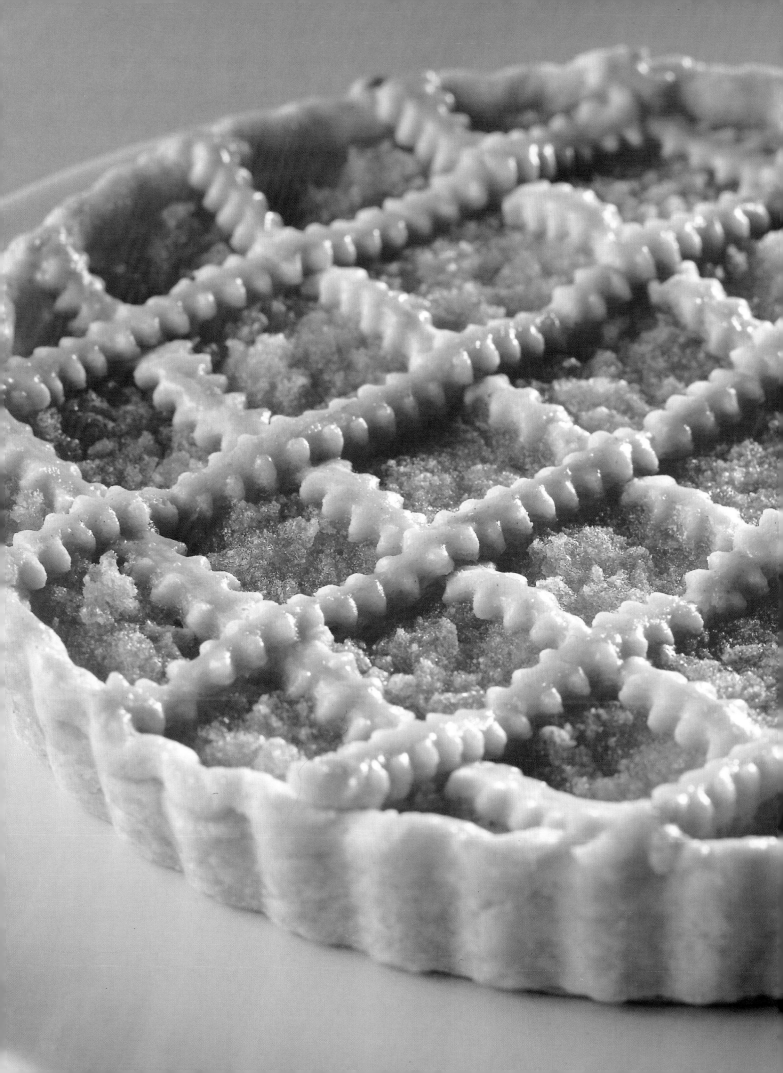

Pudín Osborne

1 Precaliente el horno a 170° C/ 325° F. Engrase un refractario de 1 litro/2 pt ligeramente con aceite.

2 Retire las orillas del pan y unte con bastante mantequilla y mermelada. Corte en triángulos pequeños.

3 Coloque la mitad del pan en la base del refractario y agregue la mezcla de fruta seca, 1 cucharada de jugo de naranja y la mitad del azúcar molida (caster).

4 Cubra con el pan restante poniendo la cara con mantequilla y mermelada hacia arriba. Bañe con el jugo de naranja restante. Espolvoree con el azúcar molida (caster) restante.

5 Bata los huevos con la leche y crema y vierta sobre el pudín. Reserve 30 minutos para permitir al pan absorber el líquido.

6 Coloque el refractario dentro de un molde para asar y vierta suficiente agua hirviendo hasta cubrir la mitad de los lados del refractario. Ponga en el horno precalentado de 50 a 60 minutos, o hasta que el pudín esté firme y la superficie esté crujiente y dorada.

7 Mientras tanto, haga la salsa de mermelada. Caliente el jugo y la ralladura de naranja con la mermelada y el brandy, si lo usa.

8 Mezcle 1 cucharada de agua con la fécula de maíz hasta integrar por completo.

9 Coloque en el cazo y cocine a calor bajo, moviendo hasta que esté bien caliente y haya espesado. Sirva el pudín caliente con la salsa de mermelada.

INGREDIENTES
Rinde 4 porciones

8 rebanadas de pan blanco

50 g/2 oz de mantequilla

2 cucharadas de mermelada

50 g/2 oz de mezcla lujosa de fruta seca

2 cucharadas de jugo de naranja fresco

40 g/1½ oz de azúcar molida (caster)

2 huevos grandes

450 ml/¾ pt de leche

150 ml/¼ pt de crema para batir

SALSA DE MERMELADA:

jugo y ralladura de 1 naranja

2 cucharadas de mermelada de naranja espesa

1 cucharada de brandy (opcional)

2 cucharaditas de fécula de maíz

Consejo Sabroso

Si prefiere salsa de naranja, omita la mermelada y agregue el jugo de otras 3 naranjas. Exprima jugo de limón hasta obtener 250 ml/9 fl oz. Siga la receta de la misma forma, pero aumente la fécula de maíz a 1½ cucharadas.

Bollos de Limón y Jengibre

1 Precaliente el horno a 220° C/ 425° F, durante 15 minutos antes de hornear. Corte la mantequilla o margarina en trozos pequeños y coloque en un tazón grande.

2 Cierna la harina, polvo para hornear, jengibre y sal. Incorpore con la mantequilla y la ralladura de limón.

3 Usando las yemas de sus dedos, integre la mantequilla al harina y mezcla de especias hasta que parezca migas gruesas de pan.

4 Integre el azúcar, pasas, mezcla de cáscara picada y jengibre.

5 Agregue el huevo y jugo de limón a la mezcla y, usando una pala de madera, incorpore la mezcla

hasta integrar por completo. (La mezcla debe quedar bastante dura y poco uniforme.)

6 Coloque cucharadas rebosadas de la mezcla sobre una charola de hornear ligeramente engrasada con aceite, asegurándose de dejar una separación entre ellas.

7 Usando un tenedor, empareje las orillas de los bollos y cocine en el horno precalentado de 12 a 15 minutos.

8 Deje enfriar 5 minutos antes de pasarlos a una rejilla de alambre. Sirva o almacene en un recipiente hermético de 3 a 5 días.

INGREDIENTES
Rinde 15 porciones

175 g/6 oz de mantequilla o margarina

350g/12 oz de harina simple

2 cucharaditas de polvo para hornear

½ cucharadita de jengibre molido

1 pizca de sal

ralladura fina de 1 limón

175 g/6 oz de azúcar morena

125 g/4 oz de pasas

75 g/3 oz de mezcla de cáscara de cítricos picada

25 g/1 oz de tallo de jengibre en almíbar, finamente picado

1 huevo mediano

jugo de 1 limón

Consejo Sabroso

Si desea que sus bollos queden pegajosos, barnícelos con un poco de miel del frasco de tallos de jengibre en cuanto los saque del horno y agregue un poco más de jengibre finamente picado.

Pastel de Migas de Manzana y Canela

1 Precaliente el horno a 180° C/ 350° F, durante 10 minutos antes de hornear. Engrase ligeramente con aceite la base de un molde profundo para pastel de 20.5 cm/8 in y cubra con papel para hornear o papel encerado.

2 Pique finamente las manzanas y mezcle con el jugo de limón. Reserve mientras hace el pastel.

3 Para hacer la cubierta de migas, cierna en un tazón grande la harina con la canela.

4 Integre la mantequilla o margarina en la mezcla de harina y canela, hasta que parezca migas gruesas de pan.

5 Incorpore el azúcar a las migas y reserve.

6 Para la base, acreme la mantequilla o margarina con el azúcar, hasta obtener una mezcla clara y esponjosa. Bata e integre gradualmente los huevos.

7 Cierna la harina e integre suavemente con ayuda de una cuchara de metal o espátula de hule.

8 Coloque en la base del molde de pastel preparado. Acomode los trozos de manzana. Cubra ligeramente la mezcla de migas con la leche.

9 Reparta la mezcla de migas sobre las manzanas y cocine en el horno precalentado durante 1½ hora. Sirva frío con crema o natilla.

INGREDIENTES
Rinde para 8 rebanadas

PARA LA CUBIERTA:
350 g/12 oz de manzanas, sin piel
1 cucharada de jugo de limón
125 g/4 oz de harina preparada para pastel (harina leudante)
1 cucharadita de canela molida
75 g/3 oz de mantequilla o margarina
75 g/3 oz de azúcar demerara o de grano grande
1 cucharada de leche

PARA LA BASE:
125 g/4 oz de mantequilla o margarina
125 g/4 oz de azúcar
2 huevos medianos
150 g/5 oz de harina preparada para pastel (harina leudante)
Crema o natilla recién hecha, para acompañar

Consejo Sabroso

Para obtener una cubierta más crujiente, integre 50 g/2 oz de mezcla de nueces y semillas picadas a la mezcla de migas en el paso número 5.

Pastel de Chocolate y Coco

1 Precaliente el horno a 180° C/ 350° F, durante 10 minutos antes de hornear. Derrita el chocolate en un tazón pequeño colocado sobre un cazo con agua hirviendo a fuego lento, asegurándose de que la base del tazón no toque el agua. Cuando se derrita el chocolate, mezcle hasta suavizar y deje enfriar.

2 Engrase ligeramente con aceite dos moldes para pastel de 18 cm/7 in y cubra con papel para hornear o papel encerado. En un tazón grande, bata la mantequilla o margarina con el azúcar empleando una cuchara de madera, hasta que esté clara y cremosa. Integre los huevos uno a uno, batiendo después de cada adición. Agregue el chocolate derretido.

3 Cierna la harina con la cocoa en polvo y mezcle suavemente con el chocolate derretido, usando una cuchara de metal o espátula de hule. Agregue el coco y mezcle ligeramente. Reparta en los 2 moldes para pastel y aplane las superficies.

4 Cocine en el horno precalentado de 25 a 30 minutos, o hasta que al introducir un palillo en el centro del pastel, salga limpio. Deje enfriar en el molde 5 minutos, saque, deseche el papel encerado y deje reposar sobre una rejilla de alambre hasta que esté frío.

5 Bata la mantequilla o margarina con la crema de coco hasta que esté clara. Agregue el azúcar glass y mezcle. Extienda el betún sobre un pastel. Cubra con el otro pastel, presionando para unirlos. Extienda el betún restante sobre la superficie, adorne con el coco y sirva.

Consejo Sabroso

¿Por qué no experimentar con el chocolate de esta receta? Para obtener un sabor diferente, intente usando chocolate oscuro con sabor a naranja o agregue 1 ó 2 cucharadas de ron mientras derrite el chocolate.

INGREDIENTES
Rinde para 8 rebanadas

125 g/4 oz de chocolate oscuro, picado toscamente

175 g/6 oz de mantequilla o margarina

175 g/6 oz de azúcar molida (caster)

3 huevos medianos, batidos

175 g/6 oz de harina preparada para pastel (harina leudante)

1 cucharada de cocoa en polvo

50 g/2 oz de coco deshidratado

PARA EL BETÚN:

125 g/4 oz de mantequilla o margarina

2 cucharadas de crema de coco

225 g/8 oz de azúcar glass

25 g/1 oz de coco deshidratado, ligeramente tostado

Pastel de Cítricos

1 Precaliente el horno a 325° C/ 170° F, durante 10 minutos antes de hornear. Engrase ligeramente con aceite la base de un molde profundo y redondo de 20.5 cm/8 in y cubra con papel para hornear.

2 En un tazón grande, acreme el azúcar con la mantequilla o margarina hasta que esté clara y esponjosa. Bata los huevos e integre poco a poco a la mezcla de crema.

3 Incorpore batiendo el jugo de naranja con 1 cucharada de harina. Cierna la harina restante varias veces a un plato grande y, con una cuchara de metal o espátula de hule, envuelva con la mezcla de crema.

4 Coloque en el molde para pastel preparado. Integre la ralladura de naranja con el lemon curd y coloque a cucharadas sobre la superficie de la mezcla.

5 Usando un trinche delgado, reparta el lemon curd sobre la mezcla de pastel. Cocine en el horno precalentado durante 35 minutos, hasta que se esponje y dore. Deje enfriar 5 minutos en el molde, voltee cuidadosamente sobre una rejilla de alambre.

6 Cierna el azúcar glass en un tazón, agregue el jugo y la ralladura de limón y mezcle hasta integrar. Cuando el pastel esté frío, tape con el glaseado y sirva.

INGREDIENTES
Rinde para 6 rebanadas

175 g/6 oz de azúcar molida (caster)
175 g/6 oz de mantequilla o margarina
3 huevos medianos
2 cucharadas de jugo de naranja
175 g/6 oz de harina preparada para pastel (harina leudante)
ralladura fina de 2 naranjas
5 cucharadas de lemon curd
125 g/4 oz de azúcar glass
ralladura fina de 1 limón
1 cucharada de jugo de limón recién hecho

Dato Culinario

Al cernir varias veces, como se hace en el paso número 3, se retiran las impurezas de la harina y se le agrega aire. Si desea, puede usar azúcar molida (caster) dorada, la cual da un sabor más dulce que el azúcar normal y contrasta particularmente con el sabor cítrico de este pastel.

Panqué Victoria con Mango y Mascarpone

1 Precaliente el horno a 190° C/ 375° F, durante 10 minutos antes de hornear. Engrase ligeramente con aceite la base de 2 moldes para pastel de 18 cm/7 in y espolvoree con azúcar y harina, golpeando los moldes para retirar el exceso.

2 En un tazón grande acreme la mantequilla o margarina con el azúcar usando una cuchara de madera hasta que esté clara y cremosa.

3 En otro tazón, mezcle los huevos con el extracto de vainilla. Cierna la harina varias veces sobre un plato.

4 Bata un huevo pequeño e incorpore con la mantequilla y azúcar, agregue un poco de harina y bata.

5 Continúe agregando los huevos y la harina alternándolos, batiendo después de cada adición, hasta integrar por completo y

obtener una mezcla uniforme. Reparta la mezcla entre los dos moldes preparados, nivele la superficie y, usando el revés de una cuchara grande, presione ligeramente en el centro de cada pastel.

6 Cocine en el horno precalentado de 25 a 30 minutos, hasta que el centro del pastel rebote cuando se le presiona con un dedo limpio. Saque y coloque sobre una rejilla de alambre; deje reposar hasta que estén fríos.

7 Bata el azúcar glass con el queso mascarpone, pique el mango en cubos pequeños.

8 Use la mitad del queso mascarpone y mango para unir los dos pasteles a modo de emparedado. Extienda el queso restante sobre el pastel superior, decore con el mango restante y sirva. O, cubra ligeramente y almacene en el refrigerador. Puede almacenar durante 3 ó 4 días.

INGREDIENTES
Rinde para 8 rebanadas

175 g/6 oz de azúcar, más la necesaria para espolvorear

175 g/6 oz de harina preparada para pastel (harina leudante), más la necesaria para espolvorear

175 g/6 oz de mantequilla o margarina

3 huevos grandes

1 cucharadita de extracto de vainilla

25 g/1 oz de azúcar glass

250 g/9 oz de queso mascarpone

1 rebanada grande de mango, sin piel

Consejo Sabroso

En esta receta se ha usado mango, pero puede sustituirse por 125 g/4 oz de fresas machacadas. Reserve algunas fresas enteras, rebane y use para decorar el pastel.

Pastel de Almendras

1 Precaliente el horno a 150° C/ 300° F. Engrase ligeramente con aceite la base de un molde para pastel redondo y profundo. Cubra con papel encerado o papel para hornear.

2 Acreme la mantequilla o margarina con el azúcar usando una cuchara de madera, hasta que esté clara y esponjosa.

3 Bata los huevos y esencias. Agregue gradualmente a la mezcla de azúcar y mantequilla mezclando después de cada adición.

4 Cierna la harina y mezcle con las almendras molidas. Incorpore la mezcla de huevos hasta integrar por completo y obtener una masa uniforme. Vierta en el molde de pastel preparado.

5 Pique las almendras enteras y esparza sobre el pastel antes de meter al horno precalentado.

6 Hornee 45 minutos, o hasta que esté dorado, haya esponjado y que al introducir un palillo en su centro, salga limpio.

7 Retire del molde y deje enfriar sobre una rejilla de alambre. En un tazón pequeño colocado sobre un cazo con agua suavemente hirviendo a fuego lento, derrita el chocolate, moviendo hasta que esté suave y no tenga grumos.

8 Adorne el pastel frío con el chocolate derretido y sirva una vez que el chocolate esté firme.

INGREDIENTES
Rinde para 8 rebanadas

225 g/8 oz de mantequilla o margarina

225 g/8 oz de azúcar

3 huevos grandes

1 cucharadita de extracto de vainilla

1 cucharadita de esencia de almendras

125 g/4 oz de harina preparada para pastel (harina leudante)

175 g/6 oz de almendras molidas

50 g/2 oz de almendras enteras, blanqueadas

25 g/1 oz de chocolate oscuro

Consejo Sabroso

Al hornear con almendras molidas el pastel se mantiene húmedo, además de agregarle un ligero sabor a frutas secas. Si desea obtener un sabor aromático a cítrico, agregue 1 ó 2 cucharadas de agua de naranja y la ralladura de 1 naranja en el paso número 4, y omita el extracto de vainilla.

Pastel Rocío de Limón

1 Precaliente el horno a 180° C/ 350° F, durante 10 minutos antes de hornear. Engrase ligeramente con aceite la base de un molde cuadrado para pastel de 18 cm/7 in y cubra con papel para hornear.

2 En un tazón grande, acreme la mantequilla o margarina con el azúcar molida (caster) hasta suavizar y esponjar.

3 Bata los huevos, agréguelos gradualmente a la mezcla de mantequilla, añadiendo 1 cucharada de harina después de cada adición.

4 Ralle finamente la piel de 1 limón e integre con la mezcla acremada, batiendo hasta suavizar. Exprima el jugo del limón, cuele e incorpore a la mezcla.

5 Coloque en el molde preparado, aplane la superficie y cocine en el horno precalentado de 25 a 30 minutos. Usando un rallador, retire la piel del otro limón y mezcle con 25 g/1 oz del azúcar; reserve.

6 Exprima su jugo en un cazo pequeño. Integre el azúcar granulada y caliente suavemente, moviendo de vez en cuando.

7 Cuando el azúcar se haya disuelto hierva a fuego lento de 3 a 4 minutos hasta formar una miel.

8 Con un mezclador de bebidas o trinche delgado para brochetas, pique el pastel por todos lados.

9 Cubra la superficie con la ralladura de limón, bañe con la miel y deje enfriar dentro del molde. Corte en cuadros y sirva.

INGREDIENTES
Rinde para 16 cuadros

125 g/4 oz de mantequilla o margarina
175 g/6 oz de azúcar molida (caster)
2 huevos grandes
175 g/6 oz de harina preparada para pastel (harina leudante)
2 limones lavados
50 g/2 oz de azúcar granulada

Dato Culinario

Este pastel clásico es el favorito de muchas cocinas. La esponja de mantequilla es un complemento perfecto por la miel de limón con la que se baña el pastel, dándole así cierta viscosidad ¡que es aún mejor al día siguiente!

Pastel de Chocolate Doble con Canela

1 Precaliente el horno a 190° C/ 375° F, durante 10 minutos antes. Engrase ligeramente la base de 2 moldes para pastel de 20.5cm/8 in y cubra con papel de hornear. Cierna la cocoa en polvo con la canela y harina. Reserve.

2 En un tazón grande, acreme la mantequilla o margarina con el azúcar, hasta esponjar. Bata e incorpore los huevos uno a uno, hasta integrar por completo. (Si tiene grumos, agregue 1 cucharada de harina cernida.)

3 Usando una espátula de hule o cuchara de metal, incorpore la harina cernida y cocoa en polvo a la mezcla de huevos hasta integrar.

4 Reparta en los 2 moldes y aplane la superficie. Cocine en el horno de 25 a 30 minutos, hasta que al insertar un palillo en el centro del pastel, salga limpio. Voltee sobre una rejilla de alambre para enfriar.

5 El relleno, trocee el chocolate blanco y caliente la crema en un cazo pequeño. Agregue los trozos de chocolate, moviendo hasta que se derritan. Deje enfriar y, usando la mitad de la mezcla de chocolate blanco, una los pasteles a modo de emparedado.

6 Cubra el pastel con el chocolate blanco restante. Ralle el chocolate oscuro sobre la cubierta y sirva.

INGREDIENTES
Rinde para 10 rebanadas

50 g/2 oz de cocoa en polvo

1 cucharadita de canela molida

225 g/8 oz de harina preparada para pastel (harina leudante)

225 g/8 oz de mantequilla sin sal o margarina

225 g/8 oz de azúcar molida (caster)

4 huevos grandes

PARA EL RELLENO:

125 g/4 oz de chocolate blanco

50 ml/2 fl oz de crema dulce para batir

25 g/1 oz de chocolate oscuro

Consejo

Al agregar un poco de harina cernida se evita que la mezcla se corte (paso número 2). Retirar los huevos del refrigerador y dejarlos reposar a temperatura ambiente antes de usarlos, también puede ayudar. ¡Recuerde añadir los huevos poco a poco!

Rollo Suizo

1 Precaliente el horno a 220° C/ 425° F, durante 15 minutos antes de hornear. Engrase ligeramente con aceite una charola de hornear de 23 cm x 33 cm/9 x 13 in y cubra con una hoja de papel para hornear o de papel encerado.

2 Cierna la harina varias veces; reserve sobre el horno para calentar ligeramente.

3 En un tazón para batir, coloque los huevos, extracto de vainilla y azúcar. Ponga el tazón sobre un cazo con agua caliente, asegurándose que su base no toque el agua.

4 Retire el cazo del calor y bata con batidora eléctrica hasta que la mezcla de huevos se aclare, tenga la consistencia de un mousse y haya aumentado su tamaño.

5 Retire el tazón del cazo y continúc baticndo 2 ó 3 minutos más. Agregue la harina y envuelva suavemente usando una cuchara de metal o espátula de hule, tratando de no retirar el aire integrado. Vierta en la charola preparada ladeándola para asegurarse de que la mezcla esté bien distribuida.

6 Cocine en el horno precalentado de 10 a 12 minutos o hasta que se esponje, dore y rebote al tocarlo ligeramente con un dedo limpio.

7 Coloque las nueces picadas y tostadas sobre una hoja larga de papel encerado.

8 Cuando el pastel esté cocido, colóquelo sobre el papel cubierto con nueces y recorte las orillas del pastel. Tomando una orilla del papel por su lado corto, enrolle el pastel.

9 Cuando esté totalmente frío desenrolle cuidadosamente y unte con la jalea y la crema. Enrolle una vez más y sirva. O, si lo desea, almacene en el refrigerador hasta por 2 días.

INGREDIENTES
Rinde para 8 rebanadas

75 g/3 oz de harina preparada para pastel (harina leudante)

3 huevos grandes

1 cucharadita de extracto de vainilla

90 g/3½ oz de azúcar

25 g/1 oz de nueces, tostadas y finamente picadas

3 cucharadas de mermelada de chabacano

300 ml/½ pt de crema dulce para batir, ligeramente batida

Consejo Sabroso

En esta receta puede usar cualquier sabor de mermelada como la de frambuesa tradicional o la jalea de ciruela pasa. Y en lugar de crema, ¿por qué no intenta hacer un betún de crema de mantequilla o de queso mascarpone batido para usar como relleno?

Pastel de Manzana Acaramelada

1 Precaliente el horno a 180° C/ 350° F, durante 10 minutos antes de hornear. Engrase ligeramente con aceite la base de 2 moldes para pastel de 20.5 cm/8 in y cubra con papel para hornear o papel encerado.

2 Parta las manzanas en rebanadas muy delgadas y cubra con el azúcar morena. Acomódelas en la base de los moldes preparados y reserve.

3 Acreme la mantequilla o margarina y azúcar molida (caster) hasta que esté clara y esponjosa.

4 En un tazón pequeño, bata los huevos e integre gradualmente con la mezcla de crema, batiendo después de cada adición.

5 Cierna la harina, agregue a la mezcla y envuelva, usando una cuchara de metal o espátula de hule.

6 Reparta la mezcla entre los 2 moldes de pastel y aplane las superficies.

7 Cocine en el horno precalentado de 25 a 30 minutos, hasta que se doren y esponjen. Deje enfriar dentro de los moldes.

8 Bata ligeramente la crema con 1 cucharada del azúcar glass y el extracto de vainilla.

9 Junte los pasteles a manera de emparedado, uniendo con la crema. Mezcle el azúcar glass restante con la canela molida, espolvoree sobre el pastel y sirva.

INGREDIENTES
Rinde para 8 rebanadas

2 manzanas, sin piel

4 cucharadas de azúcar morena

175 g/6 oz de mantequilla o margarina

175 g/6 oz de azúcar molida (caster)

3 huevos medianos

175 g/6oz de harina preparada para pastel (harina leudante)

150 ml/¼ pt de crema dulce para batir

2 cucharadas de azúcar glass

½ cucharadita de extracto de vainilla

½ cucharadita de canela molida

Consejo Sabroso

El azúcar morena, que se usa en esta receta, se puede sustituir por azúcar moscabado oscuro para dar a las manzanas un sabor delicioso a caramelo. Al hornearse, el azúcar se derretirá ligeramente y tomará la consistencia de caramelo.

Mantecadas de Capuchino

1 Precaliente el horno a 190° C/ 375° F, durante 10 minutos. Coloque 6 papeles grandes para mantecadas dentro de los correspondientes moldes o, si lo desea, colóquelos sobre una charola de hornear.

2 Acreme la mantequilla o margarina con el azúcar hasta que esponje. Rompa los huevos en un tazón bata con un tenedor.

3 Usando una cuchara de madera, bata los huevos con la mezcla de mantequilla y azúcar gradualmente, hasta integrar.

4 Si la mezcla tuviera grumos, agregue una cucharada de harina y bata para recuperar una consistencia suave. Por último, integre el café negro y bata.

5 Cierna la harina sobre la mezcla y envuelva suavemente.

6 Coloque cucharadas de la mezcla en los moldes.

7 Hornee de 20 a 25 minutos, o hasta que se esponjen y reboten al tocarlas. Deje enfriar sobre una rejilla de alambre.

8 En un tazón pequeño, bata el queso mascarpone, azúcar glass y extracto de vainilla.

9 Cuando estén frías, cubra con la mezcla. Espolvoree con la cocoa y sirva. Coma dentro de las 24 horas siguientes y almacene en el refrigerador.

INGREDIENTES
Rinde para 8 rebanadas

125 g/4 oz de mantequilla o margarina

125 g/4 oz de azúcar molida (caster)

2 huevos medianos

1 cucharada de café negro fuerte disuelto

150 g/5 oz de harina preparada para pastel (harina leudante)

125 g/4 oz de queso mascarpone

1 cucharada de azúcar glass, cernida

1 cucharadita de extracto de vainilla

cocoa en polvo, cernida, para espolvorear

Consejo Sabroso

¡La combinación de café con queso mascarpone con sabor a vainilla es deliciosa! Sin embargo, asegúrese de usar un café de buena calidad en esta receta. El café colombiano por lo general es bueno y, cuando está fresco, tiene un sabor delicado y suave.

Pastel de Miel

1 Precaliente el horno a 180° C/ 350° F, durante 10 minutos antes de hornear. Engrase ligeramente con aceite la base de un molde para pastel redondo y profundo de 18 cm/7 in y forre con papel encerado o papel para hornear.

2 En un cazo, caliente suavemente la mantequilla, azúcar y miel hasta que se derrita la mantequilla.

3 En un tazón, cierna la harina, bicarbonato de sodio y mezcla de especias.

4 Bata el huevo y la leche hasta integrar por completo.

5 Haga una fuente en el centro de la harina cernida y agregue la mantequilla derretida y miel.

6 Usando una cuchara de madera, bata llevando la harina de los lados hacia el centro de la fuente.

7 Cuando se haya integrado toda la harina, agregue la mezcla de huevos hasta integrar por completo. Coloque en el molde preparado y adorne con las hojuelas de almendras.

8 Cocine en el horno precalentado de 30 a 35 minutos, o hasta que el pastel se esponje y dore; y que al insertar un palillo en el centro salga limpio.

9 Retire del horno, deje enfriar unos minutos en el molde antes de sacarlo y ponerlo a enfriar en una rejilla de alambre. Rocíe con la cucharada restante de miel y sirva.

Consejo Sabroso

Sirva una rebanada de este pastel acompañando con una cucharada de yogurt griego. El sabor agrio del yogurt complementa la dulzura de la miel y especias a la perfección, haciéndolo un platillo ideal para la merienda.

INGREDIENTES
Rinde para 6 rebanadas

50 g/2 oz de mantequilla
25 g/1 oz de azúcar molida (caster)
125 g/4 oz de miel de abeja clara
175 g/6 oz de harina simple
½ cucharadita de bicarbonato de sodio
½ cucharadita de mezcla de especias
1 huevo mediano
2 cucharadas de leche
25 g/1 oz de hojuelas de almendras
1 cucharada de miel de abeja clara, para decorar

Fruit Cake

1 Precaliente el horno a 150° C/ 300° F, durante 10 minutos antes de hornear. Engrase ligeramente con aceite la base de un molde redondo y profundo para pastel de 23 cm/ 9 in y forre con una capa doble de papel encerado.

2 En un tazón grande acreme la mantequilla o margarina, azúcar y ralladura de naranja, hasta que esté clara y esponjosa, agregue la melaza.

3 Integre los huevos gradualmente, batiendo entre cada adición.

4 Reserve 1 cucharada de harina. Cierna la harina restante, las especias y bicarbonato de sodio sobre la mezcla.

5 Cubra todas las frutas con la harina reservada e incorpórelas a la mezcla para el pastel.

6 Coloque en el molde preparado y aplane la superficie, haciendo un pequeño hueco en el centro de la mezcla del pastel.

7 Cocine en el horno precalentado durante 1 hora, reduzca la temperatura a 140° C/ 275° F.

8 Hornee 1½ horas más o hasta que esté cocido y que al insertar un palillo en el centro salga limpio. Deje enfriar en el molde, saque el pastel y sirva. O, si lo desea, puede almacenar en un recipiente hermético una vez frío.

INGREDIENTES
Rinde para 10 rebanadas

225 g/8 oz de mantequilla o margarina

200 g/7 oz de azúcar morena

ralladura de 1 naranja

1 cucharada de melaza negra

3 huevos grandes, batidos

275 g/10 oz de harina simple

¼ cucharadita de canela molida

½ cucharadita de mezcla de especias

1 pizca de nuez moscada, recién molida

¼ cucharadita de bicarbonato de sodio

75 g/3 oz de mezcla de cáscaras de cítricos, picadas

50 g/2 oz de cerezas en conserva

125 g/4 oz de pasitas

125 g/4 oz de pasas

125 g/4 oz de chabacanos confitados, picados

Consejo Sabroso

Si desea hacer un fruit cake espectacular, retire el pastel del horno cuando esté listo y deje enfriar. Cuando esté frío, voltee y haga perforaciones en la base del pastel con un palillo. Bañe con 4 ó 5 cucharadas de su licor favorito como whisky, brandy o Drambuie.

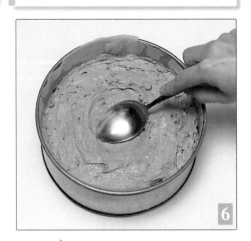

Pastel de Plátano

1 Precaliente el horno a 190° C/ 375° F, durante 10 minutos antes de hornear. Engrase ligeramente con aceite la base de un molde para pastel redondo y profundo de 18 cm/7 in y forre con papel para hornear o papel encerado.

2 En un tazón pequeño, machaque 2 de los plátanos, bañe con el jugo de limón y una cucharada rebosante del azúcar. Mezcle ligeramente y reserve.

3 En un cazo pequeño, caliente suavemente el azúcar restante con la mantequilla o margarina hasta que ésta se derrita.

4 Vierta en un tazón pequeño, deje enfriar ligeramente. Cierna la harina y la canela en un tazón grande y haga una fuente en el centro.

5 Bata los huevos y agregue a la mezcla de azúcar. Coloque en la fuente con harina y mezcle hasta integrar por completo.

6 Incorpore suavemente la mezcla de plátanos. Vierta la mitad de la mezcla al molde preparado. Corte el plátano restante en rebanadas delgadas y acomode sobre la mezcla del pastel.

7 Cubra con las nueces picadas y con la mezcla de pastel sobrante.

8 Cocine en el horno precalentado de 50 a 55 minutos, o hasta que se esponje y dore. Deje enfriar en el molde, voltee y espolvoree con la canela molida y el azúcar molida. Sirva caliente o frío y acompañe con crema fresca.

INGREDIENTES
Rinde para 8 rebanadas

3 plátanos medianos maduros
1 cucharadita de jugo de limón
150 g/5 oz de azúcar morena
75 g/3 oz de mantequilla o margarina
250 g/9 oz de harina preparada para pastel (harina leudante)
1 cucharadita de canela molida
3 huevos medianos
50 g/2 oz de nueces, picadas
1 cucharadita de canela molida, para decorar
1 cucharadita de azúcar molida (caster), para decorar
crema fresca, para acompañar

Consejo

¡Entre más maduros estén los plátanos usados en esta receta, el pastel quedará mejor! Busque ofertas ya que los plátanos maduros a menudo se venden sumamente baratos. Este pastel sabe delicioso al día siguiente de haberlo hecho ya que se endurece ligeramente pero no pierde humedad. Puede conservarse entre 3 y 4 días.

Pastel de Café y Nuez

1 Precaliente el horno a 190° C/ 375° F, durante 10 minutos antes de hornear. Engrase ligeramente con aceite la base de 2 moldes para pastel de 18 cm/7 in y cubra con papel de hornear o papel encerado. Cierna la harina y reserve.

2 Bata la mantequilla o margarina con el azúcar hasta que esté clara y cremosa. Disuelva el café en 2 cucharadas de agua caliente y deje enfriar.

3 Mezcle ligeramente los huevos con el líquido de café. Bata e integre gradualmente con la mantequilla acremada y azúcar, agregando un poco de harina cernida en cada adición.

4 Incorpore las nueces, reparta la mezcla entre los moldes

preparados y cocine en el horno precalentado de 20 a 25 minutos, o hasta que se esponje y esté firme al tacto.

5 Deje enfriar en los moldes durante 5 minutos antes de voltearlos sobre una rejilla de alambre para que se enfríen.

6 Para hacer el betún, mezcle el café en polvo con la cocoa. Agregue suficiente agua hirviendo para hacer una pasta dura. Incorpore con la mantequilla y azúcar glass.

7 Una los pasteles a modo de emparedado usando la mitad del betún para hacerlo. Extienda el betún restante sobre la cubierta del pastel y decore con las nueces enteras. Almacene en un recipiente hermético.

Consejo

Para gozar este pastel en cualquier momento, hornee en grandes cantidades. Siga la receta hasta el paso número 5, y cuando los pasteles estén fríos envuélvalos en papel encerado o papel aluminio y congele. Cuando lo desee, saque del congelador, retire la envoltura y deje descongelar lentamente a temperatura ambiente. Sirva con o sin betún.

INGREDIENTES
Rinde para 8 rebanadas

175 g/6 oz de harina preparada para pastel (harina leudante)
125 g/4 oz de mantequilla o margarina
175 g/6 oz de azúcar molida (caster)
1 cucharada de café instantáneo en polvo o gránulos
2 huevos grandes
50 g/2 oz de nueces, picadas toscamente

PARA EL BETÚN:

1 cucharadita de café instantáneo en polvo o gránulos
1 cucharadita de cocoa en polvo
75 g/3 oz de mantequilla sin sal, suavizada
175 g/6 oz de azúcar glass, cernida
nueces enteras para decorar

Pastel de Jengibre

1 Precaliente el horno a 150° C/ 300° F, durante 10 minutos antes de hornear. Engrase ligeramente con aceite la base de un molde profundo y redondo para pastel de 20.5 cm/8 in y cubra con papel para hornear o papel encerado.

2 En una olla, caliente suavemente la mantequilla o margarina, melaza negra y azúcar, moviendo de vez en cuando, hasta que la mantequilla se derrita. Deje enfriar ligeramente.

3 Cierna la harina y el jengibre molido en un tazón grande.

4 Haga una fuente en el centro, vierta la mezcla de melaza. Reserve 1 cucharada de la leche y vierta el resto en la mezcla de melaza. Incorpore ligeramente hasta mezclar.

5 Bata los huevos e integre a la mezcla.

6 Disuelva el bicarbonato en la cucharada reservada de leche caliente y agregue a la mezcla.

7 Bata la mezcla hasta deshacer los grumos.

8 Coloque en el molde preparado y cocine en el horno precalentado durante 1 hora, o hasta que esponje y que al insertar un palillo en su centro, salga limpio.

9 Deje enfriar en el molde y retire. Corte el jengibre en rebanadas delgadas y ponga sobre el pastel. Bañe con la miel y sirva.

INGREDIENTES
Rinde para 8 rebanadas

175 g/6 oz de mantequilla o margarina

225 g/8 oz de melaza negra

50 g/2 oz de azúcar mascabado oscuro

350 g/12 oz de harina simple

2 cucharaditas de jengibre molido

150 ml/¼ pt de leche, caliente

2 huevos medianos

1 cucharadita de bicarbonato de sodio

1 pieza de jengibre en almíbar

1 cucharada de miel de jengibre

Dato Culinario

Hay muchos tipos de panes de jengibre, que varían de color desde el café oscuro hasta el dorado claro. Esto se debe al tipo de melaza y a la cantidad de bicarbonato que se use. Uno muy conocido es el pan de jengibre Parkin de Yorkshire que usa golden syrup y melaza negra.

Pastel de Zanahoria

1 Precaliente el horno a 150° C/ 300° F, durante 10 minutos antes de hornear. Engrase ligeramente con aceite la base de un molde cuadrado y profundo para pastel de 15 cm/6 in y forre con papel para hornear o papel encerado.

2 En un tazón grande, cierna la harina, especias, polvo de hornear y bicarbonato.

3 Integre el azúcar mascabado oscuro y mezcle.

4 Bata ligeramente el aceite con los huevos, incorpore gradualmente a la mezcla de harina y azúcar hasta integrar por completo.

5 Agregue las zanahorias y nueces. Mezcle y coloque en el molde para pastel preparado. Cocine en el horno precalentado 1¼ horas o hasta

que esté claro, rebote al tacto y que al insertar un palillo en su centro, salga limpio.

6 Retire del horno y deje enfriar en el molde 5 minutos antes de voltearlo sobre una rejilla de alambre. Reserve hasta que esté frío.

7 Para hacer el betún, bata el queso crema, ralladura y jugo de naranja y extracto de vainilla. Cierna el azúcar glass e integre con la mezcla de queso crema.

8 Cuando el pastel esté frío, retire el papel encerado, cubra con el betún de queso crema y sirva cortando en cuadros.

INGREDIENTES
Rinde para 8 rebanadas

200 g/7 oz de harina simple
½ cucharadita de canela molida
½ cucharadita de nuez moscada, recién rallada
1 cucharadita de polvo de hornear
1 cucharadita de bicarbonato de sodio
150 g/5 oz de azúcar mascabado oscuro
200 ml/7 fl oz de aceite vegetal
3 huevos medianos
225 g/8 oz de zanahorias, sin piel y ralladas toscamente
50 g/2 oz de nueces picadas

PARA EL BETÚN:
175 g/6 oz de queso crema
ralladura fina de 1 naranja
1 cucharada de jugo de naranja
1 cucharadita de extracto de vainilla
125 g/4 oz de azúcar glass

Consejo Sabroso

Si desea un pastel con más sabor a fruta, agregue 1 manzana rallada y 50 g/2 oz de pasas en el paso número 5. Para esponjar las pasas secas, remoje una hora o durante toda la noche en 300 ml/½ in. de té negro frío.

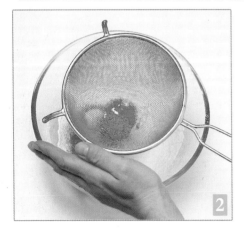

Bollitos de Jalea

1 Precaliente el horno a 190° C/ 375° F, durante 10 minutos antes de hornear. Engrase ligeramente con aceite una charola de hornear grande.

2 En un tazón grande, cierna las harinas con el polvo de hornear y agregue los granos que quedaron en la coladera.

3 Corte la mantequilla o margarina en trozos pequeños. (Es más fácil hacer esto si pone la mantequilla dentro de la harina, ya que esto evitará que se pegue la mantequilla al cuchillo.)

4 Integre la mantequilla a las harinas hasta que parezca migas gruesas de pan. Incorpore el azúcar y los arándanos.

5 Usando una pala de madera, integre el huevo batido y la leche. Mezcle para formar una masa firme. Divida la mezcla en 12 piezas y haga bolitas.

6 Coloque las bolitas de masa sobre la charola de hornear, dejando suficiente espacio entre ellas para que puedan esponjarse. Presione su pulgar en el centro de cada bolita para hacer un hueco pequeño.

7 Ponga un poco de jalea en cada hueco. Presione ligeramente para sellar.

8 Cocine en el horno precalentado de 20 a 25 minutos, o hasta que se doren. Deje enfriar sobre una rejilla de alambre y sirva.

INGREDIENTES
Rinde 12 porciones

175 g/6 oz de harina simple

175 g/6 oz de harina integral

2 cucharaditas de polvo para hornear

150 g/5 oz de mantequilla o margarina

125 g/4 oz de azúcar molida dorada (golden caster)

50 g/2 oz de arándanos secos

1 huevo grande, batido

1 cucharada de leche

4 ó 5 cucharadas de jalea de frambuesa sin semillas

Consejo Sabroso

En esta receta se puede usar cualquier tipo de jalea. Sin embargo, busque alguna que tenga poco contenido de fruta entera. O, si lo desea, sustituya la jalea por compota de fruta. Sólo hierva cualquier fruta con un poco de azúcar y agua, deje enfriar antes de ponerla dentro de los bollitos.

Pastel Esponjoso

1 Precaliente el horno a 200° C/ 400° F, durante 15 minutos antes de hornear. Mezcle 1 cucharadita de harina con 1 cucharadita del azúcar. Engrase ligeramente con aceite 2 moldes para pastel de 18 cm/7 in y espolvoree con azúcar y harina.

2 Coloque los huevos en un refractario grande. Agregue el azúcar, coloque sobre una olla con agua hirviendo a fuego lento, asegurándose de que la base del tazón no toque el agua caliente. Usando una batidora eléctrica, bata el azúcar y los huevos hasta que se aclaren y estén esponjosos. (Al levantar la batidora deberá dejar su marca en la mezcla.)

3 Retire el tazón de la olla con agua, agregue el extracto de vainilla y continúe batiendo de 2 a 3 minutos. Cierna la harina y añada suavemente a la mezcla de huevo y,

usando una cuchara de metal o espátula de hule, envuelva con suavidad, teniendo cuidado de no mezclar demasiado y de no retirar el aire que se integró al cernir.

4 Reparta le mezcla entre los 2 moldes preparados para pastel. Golpee ligeramente sobre la superficie de trabajo para retirar las burbujas de aire que hayan quedado. Cocine en el horno precalentado de 20 a 25 minutos, o hasta dorar. Revise que el pastel esté listo presionando suavemente en el centro con un dedo limpio, deberá rebotar.

5 Deje enfriar en los moldes durante 5 minutos, voltee sobre una rejilla de alambre. Mezcle la jalea y las frambuesas machacadas. Cuando los pasteles estén fríos, extienda la mezcla de jalea sobre uno y ponga el otro a modo de emparedado. Adorne la superficie con azúcar glass y sirva.

Consejo Sabroso

Si desea un relleno más cremoso y bajo en grasa, mezcle las frambuesas o fresas machacadas con 4 cucharadas de yogurt griego bajo en grasa y 4 cucharadas de crema ácida baja en grasa o crème fraîche.

INGREDIENTES
Rinde para 6 rebanadas

125 g/4 oz de harina simple, más 1 cucharadita adicional

175 g/6 oz de azúcar, más 1 cucharadita adicional

3 huevos medianos

1 cucharadita de extracto de vainilla

4 cucharadas de jalea de frambuesa

50 g/2 oz de frambuesas frescas, machacadas

azúcar glass, para decorar

Pastel Mármol

1 Precaliente el horno a 190° C/ 375° F, durante 10 minutos antes de hornear. Engrase ligeramente con aceite la base de un molde redondo y profundo para pastel de 20.5 cm/8 in y cubra con papel encerado o papel para hornear.

2 En un tazón grande, acreme la mantequilla o margarina con el azúcar hasta que esté clara y esponjosa.

3 Bata los huevos. Integre con la mezcla acremada paulatinamente, batiendo entre cada adición. Cuando haya incorporado todo el huevo, integre la harina con una cuchara de metal o espátula de hule.

4 Reparta la mezcla en 2 tazones. Agregue la ralladura de naranja a uno de los tazones con un poco de jugo de naranja. Mezcle la cocoa en polvo con el resto de jugo hasta suavizar y agréguelo al otro tazón. Bata.

5 Coloque la mezcla en el molde preparado, alternando cucharadas de ambas mezclas.

Cuando toda la mezcla esté en el molde, tome un palillo y muévalo dentro del molde.

6 Golpee la base del molde sobre una superficie de trabajo para nivelar la mezcla. Cocine en el horno precalentado 50 minutos, o hasta que esté cocido y que al insertar un palillo en el centro del pastel, éste salga limpio.

7 Retire del horno, deje en el molde unos minutos antes de sacarlo y dejar enfriar sobre una rejilla de alambre. Retire el papel encerado.

8 Para la cubierta, coloque la ralladura de naranja y su jugo con el azúcar en un cazo pequeño. Caliente suavemente hasta que se disuelva el azúcar.

9 Hierva a fuego lento de 3 a 4 minutos, hasta que el jugo parezca miel. Vierta sobre el pastel frío y sirva cuando la miel se enfríe. O, si lo desea, almacene en un recipiente hermético.

INGREDIENTES
Rinde para 8 rebanadas

225 g/8 oz de mantequilla o margarina
225 g/8 oz de azúcar
4 huevos medianos
225 g/8 oz de harina preparada para pastel (harina leudante), cernida
jugo y ralladura fina de 1 naranja
25 g/1 oz de cocoa en polvo, cernida

PARA LA CUBIERTA:
jugo y ralladura fina de 1 naranja
1 cucharada de azúcar granulada

Consejo

Este pastel es una combinación deliciosa de chocolate y esponja de naranja. Es importante no mezclar demasiado en el paso número 2, para obtener bloques de esponja de pan de diferentes colores.

Galletas con Chispas de Chocolate

1 Precaliente el horno a 190° C/ 375° F, durante 10 minutos antes de hornear. Engrase ligeramente con aceite una charola grande para hornear.

2 En un tazón grande, cierna la harina, sal, polvo para hornear y bicarbonato de sodio.

3 Corte la mantequilla o margarina en trozos pequeños y agregue a la mezcla de harina.

4 Usando 2 cuchillos o las yemas de sus dedos, integre la mantequilla o margarina hasta que parezca migas gruesas de pan.

5 Agregue el azúcar morena, golden syrup o miel maple y chispas de chocolate. Mezcle hasta formar una masa suave.

6 Haga bolitas y acomódelas sobre la charola para hornear, dejando suficiente espacio entre ellas para que esponjen. (Estas galletas no se esponjan demasiado pero recomendamos dejar un espacio entre ellas)

7 Aplane ligeramente las bolitas, con las yemas de sus dedos o la palma de sus manos.

8 Cocine en el horno precalentado de 12 a 15 minutos, o hasta que se doren y estén totalmente cocidas.

9 Deje enfriar ligeramente y coloque sobre una rejilla de alambre. Sirva cuando estén frías o almacene en un recipiente hermético.

INGREDIENTES
Rinde para 36 galletas

175 g/6 oz de harina simple
1 pizca de sal
1 cucharadita de polvo para hornear
¼ cucharadita de bicarbonato de sodio
75 g/3 oz de mantequilla o margarina
50 g/2 oz de azúcar morena
3 cucharadas de golden syrup o miel maple
125 g/4 oz de chispas de chocolate

Consejo Sabroso

Esta es una excelente receta básica para galletas. Se le pueden agregar muchos ingredientes como nueces, cerezas glaseadas, trozos de plátano, arándanos o pasitas secas.

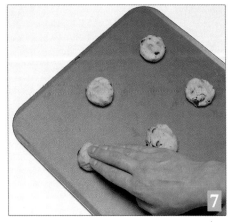

Florentinas de Chocolate

1 Precaliente el horno a 180° C/ 350° F, durante 10 minutos antes de hornear. Engrase ligeramente con aceite una charola para hornear.

2 En un cazo pequeño sobre calor muy bajo, derrita la mantequilla o margarina con el azúcar y crema dulce para batir. No hierva.

3 Retire del calor e integre las almendras, nueces, pasas y cerezas.

4 Ponga cucharaditas de la mezcla sobre una charola para hornear. Meta al horno precalentado y cocine durante 10 minutos o hasta dorar.

5 Deje enfriar en la charola para hornear aproximadamente durante 5 minutos y pase a una rejilla de alambre.

6 Derrita el chocolate blanco y el chocolate oscuro en dos tazones separados, ya sea en el microondas siguiendo las instrucciones del fabricante, o en un tazón pequeño colocado sobre un cazo con agua hirviendo a fuego lento.

7 Unte una tercera parte de las galletas con el chocolate oscuro, otra tercera parte con el chocolate de leche y la última parte con el chocolate blanco.

8 Cuando el chocolate se esté endureciendo, marque ondas con un tenedor. O, si lo desea, remoje algunas de las galletas en el chocolate para cubrir y sirva.

INGREDIENTES
Rinde 20 porciones

125 g/4 oz de mantequilla o margarina

125 g/4 oz de azúcar morena

1 cucharada de crema dulce para batir

50 g/2 oz de almendras sin piel, picadas toscamente

50 g/2 oz de nueces, picadas toscamente

75 g/3 oz de pasas

50 g/2 oz de cerezas glaseadas, picadas toscamente

50 g/2 oz de chocolate oscuro, picado toscamente o en trozos

50 g/2 oz de chocolate de leche, picado toscamente o en trozos

50 g/2 oz de chocolate blanco, picado toscamente o en trozos

Consejo Útil

Al derretir chocolate para betún, como en esta receta, es importante no calentarlo demasiado pues al enfriarse, se hará blancuzco. Si derrite el chocolate sobre agua hirviendo a fuego lento, asegúrese de que la base del tazón no toque el agua. Si usa el microondas, derrita en periodos cortos, moviendo entre ellos para asegurarse de que se derrita de manera uniforme.

Consejo Sabroso

Estas Florentinas, exquisitas y frutadas dependen de sus ingredientes crudos, por lo que debe usar chocolate de buena calidad y cerezas naturales glaseadas, que contienen más sabor a fruta y su color es más natural.

Castañuelas de Jengibre

1 Precaliente el horno a 190° C/ 375° F, durante 10 minutos antes de hornear. Engrase ligeramente con aceite una charola para hornear.

2 Acreme la mantequilla o margarina y el azúcar hasta que esté clara y esponjosa.

3 Caliente la melaza en el microondas de 30 a 40 segundos, agregue gradualmente a la mezcla de mantequilla con el huevo. Bata hasta integrar.

4 En otro tazón, cierna la harina, bicarbonato de sodio, sal, jengibre clavos y canela. Agregue la mezcla de mantequilla y mueva para hacer una masa firme.

5 Enfríe en el refrigerador 1 hora. Forme bolitas con la masa y páselas por el azúcar granulada. Coloque sobre la charola de hornear separando entre ellas.

6 Rocíe la charola para hornear con un poco de agua y hornee.

7 Cocine 12 minutos, hasta que estén doradas y crujientes. Deje enfriar sobre una rejilla de alambre y sirva.

INGREDIENTES
Rinde 40 Porciones

300 g/11 oz de mantequilla o margarina, suavizada
225 g/8 oz de azúcar morena
75 g/3 oz de melaza negra
1 huevo mediano
400 g/14 oz de harina simple
2 cucharaditas de bicarbonato de sodio
½ cucharadita de sal
1 cucharadita de jengibre molido
1 cucharadita de clavo molido
1 cucharadita de canela molida
50 g/2 oz de azúcar granulada

Consejo Sabroso

Las castañuelas de jengibre son un bocadillo exquisito para usar en otras recetas. Puede desmoronarlas y mezclarlas con mantequilla derretida para usar como costra en el pastel de queso.

Consejo Sabroso

Las castañuelas de jengibre también saben deliciosas si se rompen en trozos grandes y se agregan al helado casero, en particular si es de jengibre o chocolate, ya que tienen una textura parecida al panal de abeja.

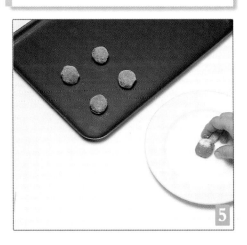

Galletas de Avena con Pasitas

1 Precaliente el horno a 200° C/ 400° F, durante 15 minutos antes de hornear. Engrase ligeramente con aceite una charola para hornear.

2 En un tazón grande, mézcle la harina, avena, jengibre molido, polvo para hornear, bicarbonato, azúcar y pasitas.

3 En otro tazón, mezcle el huevo, aceite y leche. Haga una fuente en el centro de los ingredientes secos y vierta la mezcla de huevo.

4 Integre la mezcla con un tenedor o una cuchara de madera para hacer una masa suave pero no pegajosa.

5 Sobre una charola para hornear ligeramente engrasada con aceite, coloque cucharadas bien separadas de la masa y aplane ligeramente con los dientes de un tenedor.

6 Meta las galletas al horno precalentado y cocine de 10 a 12 minutos, hasta dorar.

7 Retire del horno, deje enfriar de 2 a 3 minutos, enfríe sobre una rejilla de alambre. Sirva cuando estén frías o almacene en un recipiente hermético.

Dato Culinario

Esta masa puede hacerse, envolverse en plástico adherente y refrigerarse hasta por una semana antes de hornear. Cuando desee cocinarlas, separe la masa y hornee siguiendo las instrucciones.

Dato Culinario

Si lo desea, agregue 50 g/2 oz de mezcla de nueces picadas y sustituya la mitad de las pasitas por arándanos o cerezas secas.

INGREDIENTES
Rinde 24 porciones

175 g/6 oz de harina simple
150 g/5 oz de avena
1 cucharadita de jengibre molido
½ cucharadita de polvo para hornear
½ cucharadita de bicarbonato de sodio
125 g/4 oz de azúcar morena
50 g/2 oz de pasitas
1 huevo mediano, ligeramente batido
150 ml/¼ pt de aceite vegetal o de girasol
4 cucharadas de leche

Macarrones de Almendra

1 Precaliente el horno a 150° C/ 300° F, durante 10 minutos antes de hornear. Forre una charola de hornear con el papel de arroz.

2 Mezcle el azúcar molida, almendras molidas, arroz molido y esencia de almendra; reserve.

3 Bata la clara de huevo hasta que esté a punto de turrón y envuelva con ella la mezcla de azúcar, usando una cuchara de metal o espátula de hule.

4 Mezcle hasta formar una pasta dura pero que no quede pegajosa. (Si la mezcla estuviera muy pegajosa, agregue un poco más de almendras molidas.)

5 Coloque cucharadas pequeñas de la mezcla, aproximadamente del tamaño de un chabacano, sobre el papel arroz, dejando suficiente separación entre ellas.

6 Coloque mitades de almendra blanqueada en el centro de cada una. Cocine en el horno precalentado 25 minutos o hasta que estén ligeramente doradas.

7 Retire las galletas del horno y deje enfriar unos minutos sobre la charola de hornear. Corte o rasgue el papel de arroz alrededor de los macarrones para separarlos. Una vez fríos, sirva o almacene en un recipiente hermético.

INGREDIENTES
Rinde 12 porciones

papel arroz
125 g/4 oz de azúcar molida (caster)
50 g/2 oz de almendras molidas
1 cucharadita de arroz molido
2 ó 3 gotas de esencia de almendra
1 clara de huevo mediana
8 almendras sin piel, en mitades

Consejo Sabroso

El papel de arroz es un papel comestible hecho de la savia del árbol chino. Estos deliciosos macarrones son chiclosos y saben fantástico cuando se rompen y espolvorean sobre postres como los trifles o bagatelas. Sirva con tartas de crema y fruta fresca como frambuesas.

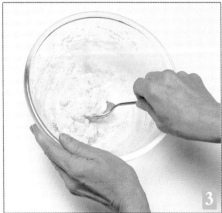

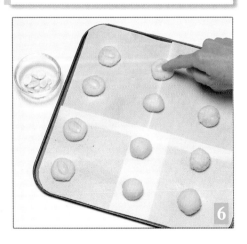

Galletas de Calabaza con Glaseado de Mantequilla Dorada

1 Precaliente el horno a 190° C/ 375° F, durante 10 minutos antes de hornear. Engrase ligeramente con aceite una charola de hornear y reserve.

2 Usando una batidora eléctrica, bata la mantequilla hasta que esté clara y esponjosa. Agregue la harina, azúcar, calabaza y huevo batido. Bata hasta integrar por completo.

3 Incorpore la canela molida y 1 cucharadita del extracto de vainilla. Cierna el polvo para hornear, bicarbonato de sodio y nuez moscada sobre la mezcla. Bata hasta integrar por completo, raspando los lados del tazón.

4 Agregue la harina integral, nueces picadas y pasitas. Integre por completo.

5 Coloque cucharaditas de la mezcla sobre una charola para hornear, separando 5 cm/2 in entre ellas. Hornear de 10 a 12 minutos o hasta que sus orillas estén firmes.

6 Retire las galletas del horno y deje enfriar. Derrita la mantequilla en un cazo pequeño sobre calor medio, hasta que esté clara y empiece a dorarse.

7 Retire del calor. Agregue el azúcar, extracto de vainilla restante y leche; mezcle. Coloque sobre las galletas frías y sirva.

Consejo Útil

Para cocer la calabaza, retire una rebanada de la parte superior. Retire las semillas y deseche. Corte la calabaza verticalmente en cuartos y retire su cáscara naranja oscura con un pelador de papas. Corte la carne en trozos y cocine al vapor o en el microondas hasta que esté suave. Haga puré y use siguiendo las instrucciones de la receta anterior.

INGREDIENTES
Rinde 48 porciones

125 g/4 oz de mantequilla, suavizada

150 g/5 oz de harina simple

175 g/6 oz de azúcar morena, compactada

225 g/8 oz calabaza en lata o calabaza cocida

1 huevo mediano, batido

2 cucharaditas de canela molida

2½ cucharaditas de extracto de vainilla

½ cucharadita de polvo para hornear

½ cucharadita de bicarbonato de sodio

½ cucharadita de nuez moscada rallada

125 g/4 oz de harina integral

75 g/3 oz de nueces, picadas toscamente

100 g/3½ oz de pasitas

50 g/2 oz de mantequilla sin sal

225 g/8 oz de azúcar glass

2 cucharadas de leche

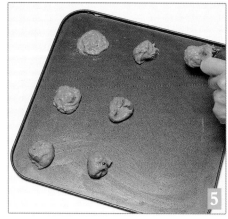

Orejitas a las Especias con Puré de Manzana

1 Precaliente el horno a 200° C/ 400° F, durante 15 minutos antes de hornear. Extienda la pasta sobre una superficie ligeramente enharinada para hacer un rectángulo de 25.5 x 30.5 cm/10 x 12 in. Recorte las orillas con un pequeño cuchillo filoso.

2 En un tazón, cierna el azúcar molida, azúcar glass, canela, jengibre y nuez moscada. Espolvoree generosamente ambos lados de la pasta con aproximadamente una cuarta parte de la mezcla de azúcar.

3 Coloque el lado largo hacia usted, doble ambos lados hacia el centro hasta llegar a la mitad. Espolvoree con una tercera parte de la mezcla restante de azúcar.

4 Vuelva a doblar los lados hasta que casi se toquen en el centro y espolvoree una vez más con la mezcla de azúcar restante. Doble los 2 lados hasta el centro de la pasta para hacer 6 capas. Envuelva la pasta en plástico adherente y refrigere 1 ó

2 horas hasta que esté firme. Reserve la mezcla de azúcar restante.

5 Retire la pasta del refrigerador, desenvuelva y cubra con la mezcla de azúcar restante hasta cubrir por completo. Usando un cuchillo filoso, corte el rollo en aproximadamente 20 rebanadas delgadas. Coloque los lados cortados hacia abajo sobre una charola de hornear y meta al horno precalentado.

6 Hornee 10 minutos, voltee las galletas y cocine de 5 a 10 minutos más, o hasta que estén doradas y crujientes. Retire del horno y pase a una rejilla de alambre. Deje enfriar totalmente.

7 Mientras tanto, combine los demás ingredientes en una olla. Tape y cocine suavemente durante 15 minutos hasta que la manzana esté totalmente suave. Mezcle hasta integrar y deje enfriar. Sirva las palmeras con una cucharada del puré de manzana y un poco de crema batida.

INGREDIENTES
Rinde 20 porciones

250 g/9 oz de pasta de hojaldre preparada, descongelada
40 g/½ oz de azúcar molida (caster)
25 g/1 oz de azúcar glass
1 cucharadita de canela molida
¼ cucharadita de jengibre molido
¼ cucharadita de nuez moscada, recién rallada
450 g/1 lb de manzanas tipo Bramley, picadas toscamente
50 g/2 oz de azúcar
25 g/1 oz de pasitas
25 g/1 oz de cerezas secas
ralladura de 1 naranja
crema dulce para batir, ligeramente batida, para acompañar

Dato Culinario

Las orejitas también llamadas palmeras se llaman así por parecer hojas de palma, pues palmier es la palabra francesa para el árbol de palma. Las palmeras a menudo se sirven a modo de emparedado con crema y jalea.

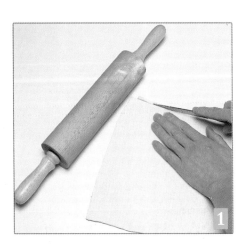
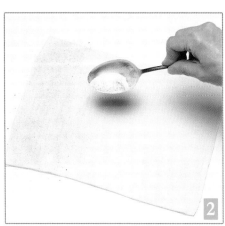

Galletas de Mantequilla de Cacahuate

1 Precaliente el horno a 180° C/ 350° F, durante 10 minutos antes de hornear. Para hacer el relleno de chocolate, parta el chocolate en trozos pequeños y colóquelo en un tazón refractario.

2 Ponga la crema dulce para batir en un cazo y caliente hasta el punto de ebullición. Vierta inmediatamente sobre el chocolate.

3 Deje reposar 1 ó 2 minutos, mezcle hasta suavizar. Deje reposar hasta que se enfríe y esté lo suficientemente duro para poder untarlo. No refrigere.

4 Engrase ligeramente con aceite una charola para hornear. Acreme la mantequilla o margarina y el azúcar hasta que esté clara y esponjosa. Integre la mantequilla de cacahuete, seguida por la golden syrup o miel maple y la leche.

5 Cierna la harina con el bicarbonato de sodio. Incorpore con la mezcla de mantequilla de cacahuate, integre y amase hasta suavizar.

6 Aplane 1 ó 2 cucharadas de la mezcla para galletas sobre una tabla para picar.

7 Agregue una cucharada de la mezcla de chocolate en el centro de la masa, dóblela alrededor del chocolate para cubrirlo por completo.

8 Coloque las galletas sobre una charola para hornear y aplane ligeramente. Cocine en el horno precalentado de 10 a 12 minutos, hasta dorar.

9 Retire del horno y deje enfriar totalmente sobre una rejilla de alambre y sirva.

INGREDIENTES
Rinde 18 porciones

125 g/4 oz de chocolate oscuro

150 ml/¼ pt de crema dulce para batir

125 g/4 oz de mantequilla o margarina, suavizada

125 g/4 oz de azúcar molida (caster)

125 g/4 oz de mantequilla de cacahuate cremosa o en trocitos

4 cucharadas de golden syrup o miel maple

1 cucharada de leche

225 g/8 oz de harina simple

½ cucharadita de bicarbonato de sodio

Consejo Útil

Puede medir la golden syrup calentando en agua hirviendo una cuchara de metal para medir y sumergiéndola en la miel; colocando el tarro dentro del horno caliente o poniéndolo en un cazo con agua caliente.

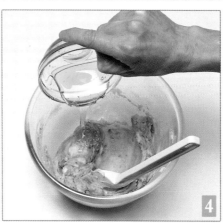

Galletas Batidas

1 Precaliente el horno a 180º C/ 350º F, durante 10 minutos antes de hornear. Engrase ligeramente con aceite una charola para hornear.

2 Acreme la mantequilla y azúcar glass hasta esponjar. Agregue la harina gradualmente y continúe batiendo 2 ó 3 minutos más, hasta que esté suave y ligera.

3 Forme bolitas y coloque sobre la charola de hornear. Cubra la mitad de las bolitas de masa con grageas de azúcar, filamentos de azúcar, gotas de chocolate o bolitas plateadas. Deje las demás simples.

4 Cocine en el horno precalentado de 6 a 8 minutos o hasta que las bases estén ligeramente doradas. Retire del horno y deje enfriar sobre una rejilla de alambre.

5 Cierna el azúcar glass en un tazón pequeño, agregue el jugo de limón y mezcle hasta hacer un glaseado uniforme.

6 Usando una cucharita pequeña, reparta el glaseado sobre las galletas simples. Decore con más grageas de azúcar, gotas de chocolate o bolitas plateadas y sirva.

INGREDIENTES
Rinde 36 porciones

225 g/8 oz de mantequilla, suavizada
75 g/3 oz de azúcar glass
175 g/6 oz de harina
grageas de azúcar
filamentos de azúcar
gotas de chocolate
bolitas plateadas
50 g/2 oz de azúcar glass
2 ó 3 cucharaditas de jugo de limón

Consejo Útil

Aunque estas galletas son clásicas, su consistencia es mucho más ligera que las demás Literalmente se derriten en la boca. Son maravillosas para los niños. Sin embargo, si desea hacer galletas más elegantes y apetitosas para los adultos, coloque la mezcla en una manga adaptándole una boquilla con forma de estrella grande y haga las galletas colocándolas sobre la charola para hornear. Cocine siguiendo las instrucciones.

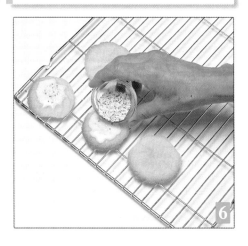

Galletas de Avena con Coco

1 Precaliente el horno a 180° C/ 350° F, durante 10 minutos antes de hornear. Engrase ligeramente con aceite una charola para hornear.

2 Acreme la mantequilla o margarina con los azúcares hasta que esté clara y esponjosa.

3 Integre gradualmente el huevo y extracto de vainilla y bata hasta integrar por completo.

4 Cierna la harina y polvo para hornear; bata hasta integrar.

5 Agregue la mezcla de mantequilla y azúcar; bata hasta suavizar. Integre la avena y coco con una cuchara de metal o espátula de hule.

6 Haga bolitas con cucharadas de la mezcla y coloque sobre la charola de hornear, dejando 5 cm/2 in de separación entre ellas. Aplane cada bolita con la palma de su mano.

7 Coloque en el horno precalentado y cocine de 12 a 15 minutos o hasta dorar.

8 Retire del horno y ponga sobre una rejilla de alambre para enfriar por completo. Sirva.

INGREDIENTES
Rinde 40 porciones

225 g/8 oz de mantequilla o margarina
125 g/4 oz de azúcar morena
125 g/4 oz de azúcar molida (caster)
1 huevo grande, ligeramente batido
1 cucharadita de extracto de vainilla
225 g/8 oz de harina simple
1 cucharadita de polvo para hornear
½ cucharadita de bicarbonato de sodio
125 g/4 oz de avena
75 g/3 oz de coco seco

Consejo Útil

El agente elevador que se usa en esta receta, el bicarbonato de sodio, aligera la textura de estas galletas, dándoles una textura crujiente pero frágil. Si almacena estas galletas en un recipiente o tarro hermético, le durarán de 3 a 4 días.

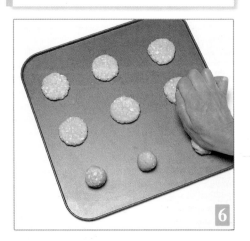

Barras de Galleta de Chocolate

1 Engrase ligeramente un molde cuadrado de 20.5 cm/8 in y cubra con plástico adherente.

2 En un tazón pequeño, coloque las pasas y bañe con el brandy, si lo usa. Deje remojar de 20 a 30 minutos.

3 Mientras tanto, rompa el chocolate en trozos pequeños y coloque en un tazón refractario.

4 Coloque el tazón sobre un cazo con agua hirviendo a fuego lento, asegurándose de que la base del tazón no toque el agua.

5 Derrita el chocolate, moviendo de vez en cuando. Retire del calor.

6 En un cazo pequeño, coloque la mantequilla, golden syrup o miel maple y crema dulce para batir. Caliente hasta que la mantequilla se derrita.

7 Retire el cazo del calor y agregue el chocolate derretido, galletas, pistaches, almendras, cerezas, ralladura de naranja, pasas y mezcla de brandy.

8 Mezcle totalmente y coloque en el molde preparado. Aplane la superficie y refrigere por lo menos 4 horas, o hasta que esté firme.

9 Voltee el pastel y retire el plástico adherente. Espolvoree libremente con la cocoa en polvo, corte en barras y sirva. Almacene en el refrigerador cubriéndolas ligeramente.

Consejo Útil

Para partir estas barras más fácilmente caliente un cuchillo, pasándolo bajo el chorro de agua caliente, seque con una toalla de cocina limpia y rebane.

INGREDIENTES
Rinde para 20 rebanadas

50 g/2 oz de pasas

3 ó 4 cucharadas de brandy (opcional)

100 g/3½ oz de chocolate oscuro

125 g/4 oz de manequilla sin sal

2 cucharadas de golden syrup o miel maple

90 ml/3 fl oz de crema dulce para batir

6 galletas marías, picadas toscamente

50 g/2 oz de pistaches sin cáscara, tostados y picados toscamente

50 g/2 oz de almendras sin piel, tostadas y picados toscamente

50 g/2 oz de cerezas glaseadas, picadas toscamente

ralladura de 1 naranja

cocoa en polvo, cernida

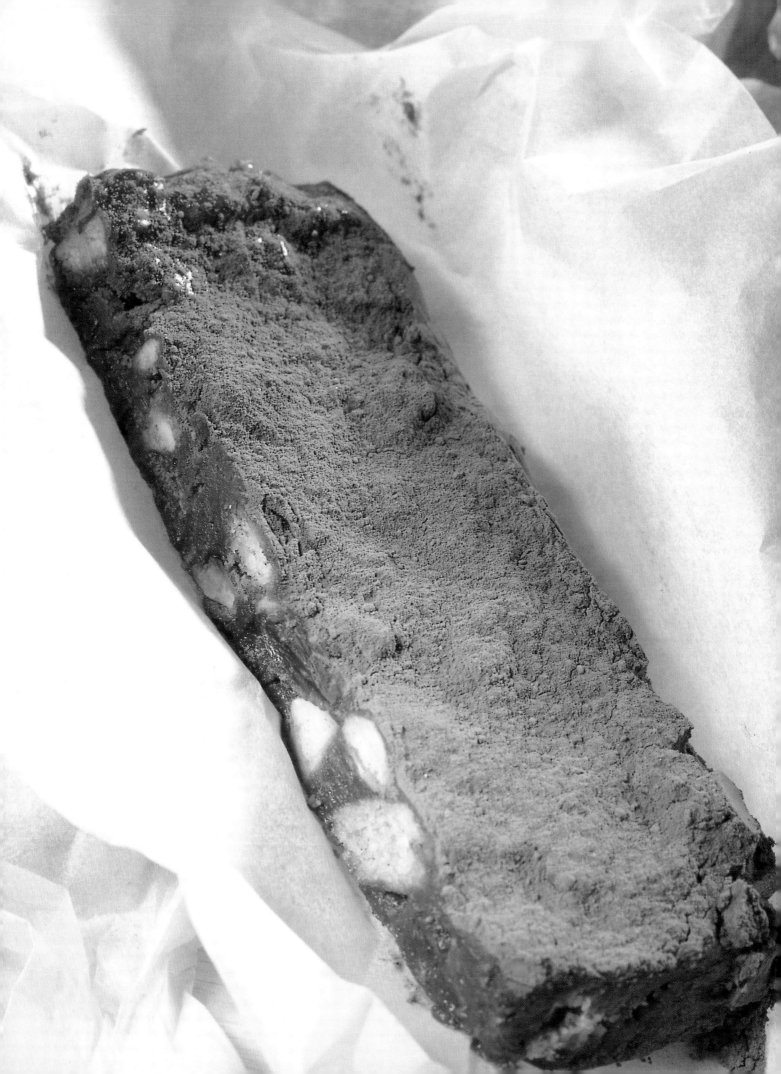

Barras Nanaimo

1 Engrase ligeramente un molde cuadrado de 23 cm/9 in y cubra con plástico adherente. Mezcle la mantequilla, azúcar, cocoa en polvo, huevo, migas de galleta, coco y nueces hasta integrar por completo. Presione firmemente en el molde preparado. Refrigere por lo menos durante 1 hora.

2 Para el relleno, acreme la mantequilla, natilla en polvo y extracto de vainilla. Agregue la leche y azúcar glass alternando, poniendo aproximadamente una tercera parte cada vez, hasta que esté uniforme. Extienda la mezcla sobre la base fría. Vuelva a refrigerar y deje enfriar una hora más.

3 Para el betún, derrita el chocolate oscuro con la mantequilla. Mezcle hasta integrar por completo. Vierta sobre el relleno y extienda rápidamente para cubrir la base y relleno con una capa delgada de betún.

4 Deje reposar de 5 a 10 minutos hasta que empiece a endurecer. Marque 18 divisiones sobre el chocolate con un cuchillo filoso. Refrigere hasta que esté firme y divida el pastel en cuadros. Sirva frío.

Consejo Útil

Estas barras se originaron en un pueblo del oeste de Canadá llamado Nanaimo. Es importante usar chocolate oscuro que no sea dulce ya que la capa de relleno es demasiado dulce y pesada. Tenga cuidado al derretir el chocolate oscuro para esta receta ya que el chocolate simple tiene mayor contenido de cocoa y si acelera el proceso poniéndolo sobre calor demasiado alto, ¡obtendrá un betún de chocolate opaco!

INGREDIENTES
Rinde 18 porciones

125 g/4 oz de mantequilla, derretida

40 g/1½ oz de azúcar granulada

25 g/1 oz de cocoa en polvo

1 huevo grande, ligeramente batido

175 g/6 oz de migas de galletas marías

75 g/3 oz de coco rallado o deshidratado

75 g/3 oz de nueces picadas

PARA EL RELLENO:

50 g/2 oz de mantequilla

2 cucharadas de pudín o flan en polvo

1 cucharadita de extracto de vainilla

3 cucharadas de leche

225 g/8 oz de azúcar glass, cernida

PARA EL BETÚN:

75 g/2 oz de chocolate oscuro

1 cucharada de mantequilla

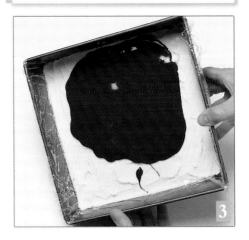

Barras Milagrosas

1 Precaliente el horno a 180° C/ 350° F, durante 10 minutos antes de hornear. Engrase generosamente con mantequilla un molde cuadrado de 23 cm y cubra con papel encerado para hornear.

2 Vierta la mantequilla en el molde preparado y agregue las migas de galleta, haciendo una capa delgada.

3 Integre las chispas de chocolate, coco y nueces en capas uniformes y bañe con la leche condensada.

4 Meta el molde al horno precalentado y cocine 30 minutos, hasta dorar. Deje enfriar en el molde, corte en 12 cuadros y sirva.

INGREDIENTES
Rinde 12 porciones

100 g/3½ oz de mantequilla, derretida, más 1 ó 2 cucharaditas para engrasar

125 g/4 oz de migas de galletas marías

175 g/6 oz de chispas de chocolate

75 g/3 oz de coco rallado o deshidratado

125g/4 oz de mezcla de nueces picadas

1 lata de 400 g de leche condensada

Dato Culinario

La leche condensada es leche pasteurizada y homogenizada que ha sido reducida aproximadamente a dos terceras partes de su volumen original, al hervirla bajo las más estrictas normas de calidad. Ya no se aconseja hervir la lata de leche condensada para convertirla en relleno de leche quemada para algunos pays. Para quemarla, coloque la leche en un cazo de base gruesa y hierva suavemente o coloque en un tazón de vidrio, cubierto con plástico adherente, haga una perforación y cocine a temperatura media en el microondas, en plazos de 1 ó 2 minutos. Revise continuamente para asegurarse que no se queme.

Barras de Migas de Manzana y Canela

1 Precaliente el horno a 190° C/ 375° F, durante 10 minutos antes de hornear. Coloque las manzanas, pasitas, azúcar, canela y ralladura de limón en un cazo sobre calor bajo.

2 Tape y cocine aproximadamente durante 15 minutos, moviendo de vez en cuando, hasta cocer la manzana. Retire la tapa, mueva con una cuchara de madera para desbaratarla totalmente.

3 Cocine de 15 a 30 minutos más sobre calor muy bajo hasta reducir, espesar y dorar ligeramente. Deje enfriar. Engrase ligeramente con aceite un molde de pastel cuadrado de 20.5 cm/8 in y forre con papel para hornear o papel encerado.

4 Integre la harina, azúcar, bicarbonato de sodio, avena y mantequilla hasta integrar por completo en migas.

5 Extienda la mitad de la mezcla de harina sobre la base del molde preparado y presione. Cubra con la mezcla de manzana.

6 Espolvoree con la mezcla de harina restante y presione ligeramente. Cocine en el horno precalentado de 30 a 35 minutos, hasta dorar.

7 Retire del horno y deje enfriar antes de cortar en rebanadas. Sirva las barras calientes o frías acompañando con crema ácida (crème fraîche) o crema batida.

INGREDIENTES
Rinde 16 porciones

450 g/1 lb de manzanas tipo Bramley o manzanas para cocinar, picadas toscamente

50 g/2 oz de pasitas

50 g/2 oz de azúcar molida (caster)

1 cucharadita de canela molida

ralladura de 1 limón

200g/7 oz de harina simple

250 g/9 oz de azúcar morena

½ cucharadita de bicarbonato de sodio

150 g/5 oz de avena

150 g/5 oz de mantequilla, derretida

crema ácida (crème fraîche) o crema batida, para acompañar

Consejo Sabroso

Este relleno es muy similar a la mantequilla de manzana americana. Para hacer mantequilla de manzana, cocine el relleno 30 minutos más en el paso número 2 sobre calor muy bajo, moviendo constantemente. Cuando se reduzca a una tercera parte (debe estar oscura) estará lista. es deliciosa si se unta en pan tostado.

Barras de Limón

1 Precaliente el horno a 170° C/ 325° F, durante 10 minutos antes de hornear. Engrase ligeramente con aceite un molde cuadrado para pastel de 20.5 cm/ 8 in y forre con papel encerado o papel para hornear.

2 Incorpore la harina con la mantequilla hasta que la mezcla parezca migas de pan. Agregue 50 g/2 oz de azúcar y mezcle.

3 Coloque la mezcla en el molde preparado y presione firmemente. Hornee en el horno precalentado durante 20 minutos, hasta que esté dorado claro.

4 Mientras tanto, mezcle en el procesador de alimentos el azúcar restante, harina, polvo para hornear, sal, huevos, jugo y ralladura de limón, hasta suavizar. Vierta sobre la costra preparada.

5 Meta al horno precalentado y cocine de 20 a 25 minutos más, hasta que esté prácticamente firme pero su centro quede un poco húmedo. Retire del horno y deje enfriar en el molde o sobre una rejilla de alambre.

6 Espolvoree con azúcar glass y corte en cuadros. Sirva frío o almacene en un recipiente hermético.

INGREDIENTES
Rinde 24 porciones

175 g/6 oz de harina
125 g/4 oz de mantequilla
50 g/2 oz de azúcar granulada
200 g/7 oz de azúcar molida (caster)
2 cucharadas de harina
½ cucharadita de polvo para hornear
¼ cucharadita de sal
2 huevos medianos, ligeramente batidos
jugo y ralladura fina de 1 limón
azúcar glass cernida, para decorar

Dato Culinario

El polvo para hornear es un agente elevador preparado químicamente. Está hecho de cremor tártaro y bicarbonato de sodio y se mezcla con una levadura o harina seca. Es muy importante medirlo con exactitud para que la mezcla no se esponje demasiado rápido y luego se colapse y para que no de un sabor amargo al platillo.

Cuadros de Jengibre Glaseados

1 Precaliente el horno a 200° C/ 400° F, durante 15 minutos antes de hornear. Engrase ligeramente con aceite un molde cuadrado para pastel de 20.5 cm/ 8 in y espolvoree con un poco de harina.

2 Mezcle el azúcar, mantequilla y melaza. Integre las claras de huevo.

3 Mezcle la harina, bicarbonato de sodio, clavos, canela, jengibre y sal.

4 Incorpore la mezcla de harina y buttermilk a la mezcla de mantequilla, alternando hasta integrar por completo.

5 Coloque a cucharadas en el molde preparado y cocine en el horno precalentado durante 35 minutos, o hasta que al insertar un palillo en el centro del pastel, salga limpio.

6 Retire del horno y deje enfriar 5 minutos en el molde antes de sacarlo y dejarlo enfriar sobre una rejilla de alambre o un plato grande. Usando un mezclador de bebidas, haga perforaciones sobre el pastel.

7 Mientras tanto, mezcle el azúcar glass con suficiente jugo de limón para hacer un glaseado fácil de untar.

8 Vierta el glaseado sobre el pastel caliente y deje enfriar. Corte el pastel de jengibre en cuadros y sirva.

Dato Culinario

La Buttermilk es un líquido que sale al convertir la crema en mantequilla. Se considera una alternativa sana para sustituir la crema agria ya que su contenido de grasa es menor. Contiene ácido láctico y cuando se mezcla con bicarbonato de sodio actúa como agente elevador.

INGREDIENTES
Rinde 12 porciones

225 g/8 oz de azúcar

50 g/2 oz de mantequilla, derretida

2 cucharadas de melaza negra

2 claras de huevos medianos,
  ligeramente batidos

225 g/8 oz de harina simple

1 cucharadita de bicarbonato de sodio

½ cucharadita de clavo molido

1 cucharadita de canela molida

¼ cucharadita de jengibre molido

1 pizca de sal

225 ml/8 fl oz de buttermilk

175 g/6 oz de azúcar glass

jugo de limón

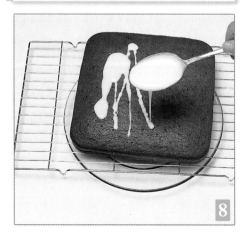

Tortitas Millonarias de Nuez y Caramelo

1 Precaliente el horno a 180° C/ 350° F, durante 10 minutos antes de hornear. Engrase ligeramente con aceite una charola para hornear de 18 cm x 28 cm/ 7 x 11 in y cubra con papel encerado o papel para hornear.

2 Bata la mantequilla, mantequilla de cacahuate y azúcar hasta aclarar. Cierna la fécula de maíz con la harina e integre para hacer una masa suave.

3 Extienda sobre la charola preparada y pique toda la superficie con un tenedor. Cocine en el horno precalentado durante 20 minutos, o hasta dorar. Retire del horno.

4 Mientras tanto, haga el betún. En un cazo con base gruesa combine el azúcar, mantequilla, golden syrup o miel maple, glucosa, agua y leche.

5 Mezcle constantemente sobre calor bajo hasta que empiece a hervir y el azúcar se haya disuelto. Aumente la temperatura, hierva moviendo constantemente durante aproximadamente 10 minutos o hasta que la mezcla se torne color caramelo dorado.

6 Retire el cazo del calor y agregue las nueces. Vierta inmediatamente sobre la base de panqué. Deje enfriar, refrigere por lo menos 1 hora.

7 Rompa el chocolate en trozos pequeños y coloque con la mantequilla en un tazón refractario.

8 Póngalo sobre un cazo con agua hirviendo a fuego lento, asegurándose de que el tazón no toque el agua. Derrita y mezcle hasta integrar por completo.

9 Retire la pasta del refrigerador y vierta el chocolate uniformemente sobre la superficie, extendiéndolo para hacer una cubierta delgada. Deje reposar, corte en cuadros y sirva.

INGREDIENTES
Rinde 20 porciones

125 g/4 oz de mantequilla, suavizada
2 cucharadas de mantequilla de cacahuate cremosa
75 g/3 oz de azúcar
75 g/3 oz de fécula de maíz
175 g/6 oz de harina simple

PARA EL BETÚN:

200 g/7 oz de azúcar
125 g/4 oz de mantequilla
2 cucharadas de miel maple
75 g/3 oz de glucosa líquida
75 ml/3 fl oz de agua
1 lata de 400 g de leche condensada
175 g/6 oz de nueces picadas
75 g/3 oz de chocolate oscuro
1 cucharada de mantequilla

Consejo Sabroso

En esta receta se puede usar cualquier tipo de nuez. ¿Por qué no sustituye las nueces por una variedad de nueces picadas, almendras o nueces de Brasil?

Flapjacks de Fruta y Nuez

1 Precaliente el horno a 180º C/ 350º F, durante 10 minutos antes de hornear. Engrase ligeramente con aceite un molde cuadrado para pastel de 23 cm/9 in.

2 En un cazo pequeño sobre calor bajo, derrita la mantequilla o margarina con el azúcar y miel. Retire del calor.

3 Incorpore las pasitas, nueces y avena a la mezcla de miel e integre por completo.

4 Pase cucharadas de la mezcla al molde preparado y presione. Meta al horno precalentado y cocine de 20 a 25 minutos.

5 Retire del horno y deje enfriar en el molde. Corte en barras mientras esté aún caliente.

6 Cierna el azúcar glass en un tazón pequeño e integre gradualmente el jugo de limón para hacer el glaseado.

7 Coloque en una manga con una boquilla delgada y presione para decorar los flapjacks haciendo líneas sobre ellos. Deje enfriar y sirva.

INGREDIENTES
Rinde 12 porciones

75 g/3 oz de mantequilla o margarina

125 g/4 oz de azúcar morena

3 cucharadas de golden syrup o miel maple

50 g/2 oz de pasitas

50 g/2 oz de nueces, picadas toscamente

175 g/6 oz de avena

50 g/2 oz de azúcar glass

1 a 1½ cucharadas de jugo de limón

Consejo Sabroso

Estos flapjacks están llenos de energía, pero si desea aumentar su valor nutricional puede agregar unas cucharadas de semillas de ajonjolí, girasol o de calabaza, además de trozos de fruta lista para comer como chabacano, piña o mango. También puede agregar chispas de chocolate, frutas glaseadas picadas y pasitas o pasas sultanas.

Dato Culinario

La avena utilizada en los flapjacks tambien se puede usar para cocinar gachas de avena (porridge), así como para hacer copas de avena (oatmeal), que constituyen una parte esencial de los haggis, las tartas de avena (oatcakes) y el whisky Athol Brose: todos grandes platos escoceses.

Brownies de Chocolate Fudge

1 Precaliente el horno a 180° C/ 350° F, durante 10 minutos antes de hornear. Engrase ligeramente con aceite un molde para pastel cuadrado de 20.5 cm/ 8 in y forre con papel encerado o papel para hornear.

2 Derrita la mantequilla con el chocolate en un tazón refractario colocado sobre un cazo con agua hirviendo a fuego lento. Pase la mezcla a un tazón grande.

3 Integre el azúcar y extracto de vainilla, e incorpore los huevos. Cierna la harina sobre la mezcla y envuelva con una cuchara de metal o espátula de hule. Coloque en el molde preparado.

4 Meta al horno precalentado y cocine 30 minutos o hasta que esté firme. Retire del horno y deje enfriar dentro del molde antes de sacarla y dejar enfriar sobre una rejilla de alambre.

5 Cierna el azúcar glass y cocoa en polvo sobre un tazón pequeño, haciendo una fuente en el centro.

6 Coloque la mantequilla en la fuente y agregue gradualmente 2 cucharadas de agua caliente. Mezcle para formar un betún fácil de extender.

7 Vierta el betún sobre la mezcla cocida. Deje que se endurezca antes de cortar en cuadros. Sirva los brownies cuando estén fríos.

INGREDIENTES
Rinde 16 porciones

125 g/4 oz de mantequilla

175 g/6 oz de chocolate oscuro, picado toscamente o en trozos

225 g/8 oz de azúcar molida (caster)

2 cucharaditas de extracto de vainilla

2 huevos medianos, ligeramente batidos

150 g/5 oz de harina simple

175 g/6 oz de azúcar glass

2 cucharadas de cocoa en polvo

15 g/½ oz de mantequilla

Dato Culinario

El chocolate se obtiene de la semilla del árbol de cacao y se introdujo a Europa en el siglo XVI. Se puede encontrar en diferentes formas que van desde la cocoa en polvo hasta el chocolate para hacer betún. Éste es el más recomendado para cocinar ya que tiene un alto contenido de mantequilla de cocoa y se derrite muy suavemente.

Brownies de Chocolate con Nuez

1 Precaliente el horno a 180° C/ 350° F, durante 10 minutos antes de hornear. Engrase ligeramente un molde para pastel cuadrado de 20.5 cm/8 in y forre con papel para hornear o papel encerado.

2 En un tazón pequeño, combine la mantequilla, azúcar y chocolate. Caliente suavemente hasta que el azúcar y chocolate se hayan derretido, moviendo constantemente. Reserve y deje enfriar ligeramente.

3 En un tazón grande, mezcle la mantequilla de cacahuate, huevos y cacahuate.

4 Integre la mezcla de chocolate frío. Cierna la harina y mezcle con una cuchara de metal o espátula de hule, hasta integrar por completo.

5 Coloque en el molde preparado y cocine en el horno precalentado aproximadamente durante 30 minutos, o hasta que esté firme.

6 Deje enfriar 5 minutos dentro del molde antes de sacarlo y colocarlo sobre una rejilla de alambre hasta que se enfríe totalmente.

7 Para hacer el betún, derrita el chocolate en un refractario colocado sobre un cazo con agua hirviendo a fuego lento, asegurándose que la base del tazón no toque el agua.

8 Deje enfriar ligeramente, integre la crema agria hasta que esté suave y brillante. Unte sobre los brownies, refrigere hasta que esté firme y corte en cuadros. Sirva fríos.

INGREDIENTES
Rinde 16 porciones

125 g/4 oz de mantequilla

150 g/5 oz de azúcar morena, compactada

50 g/2 oz de chocolate oscuro, picado toscamente o en trozos

2 cucharadas de mantequilla de cacahuate cremosa

2 huevos medianos

50 g/2 oz de cacahuates asados sin sal, finamente picados

100 g/3½ oz de harina preparada para pastel (harina leudante)

PARA EL BETÚN:

125 g/4 oz de chocolate oscuro, picado toscamente o en trozos

50 ml/2 fl oz de crema agria

Consejo Sabroso

Para aquellos con buen diente para los postres, sustituya el chocolate oscuro que se usa en el betún por chocolate blanco. Al igual que con el chocolate oscuro, compre un chocolate blanco de buena calidad y tenga cuidado cuando lo derrita, ya que se quema fácilmente en el microondas.

Pastel Esponjoso de Fresas

1 Precaliente el horno a 190° C/ 375° F, durante 10 minutos antes de hornear. Engrase ligeramente con aceite la base de dos moldes redondos para pastel de 20.5 cm/8 in y cubra con papel para hornear.

2 Usando una batidora eléctrica, bata la mantequilla, azúcar y extracto de vainilla hasta que esté clara y esponjosa. Siga batiendo e integre los huevos gradualmente, batiendo entre cada adición.

3 Cierna la mitad de harina sobre la mezcla y, usando una cuchara de metal o espátula de hule, integre. Cierna la harina restante sobre la mezcla y envuelva hasta integrar.

4 Reparta la mezcla entre los moldes, extendiendo uniformemente. Aplane las superficies con el revés de una cuchara. Hornee de 20 a 25 minutos, o hasta que se esponje y dore.

5 Retire del horno y deje enfriar antes de sacarlo del molde y colocarlo sobre una rejilla de alambre. Bata la crema con 1 cucharada del azúcar glass hasta que se formen picos suaves. Integre las fresas picadas.

6 Unte 1 capa de pastel con la mezcla y cubra con la segunda capa de pastel, poniendo su cara redonda hacia arriba.

7 Espolvoree con bastante azúcar glass y decore con las fresas reservadas. Resbale cuidadosamente sobre un platón y sirva.

Consejo

Es muy importante obtener la consistencia correcta en la masa para los pasteles de esponja de pan. Después de integrar la harina, revise la consistencia golpeando con una cucharada de la mezcla sobre el tazón. Si cae fácilmente, se ha logrado la consistencia de "caída". Si estuviera demasiado dura, integre una cucharada del agua hervida ya fría.

INGREDIENTES
Rinde 8 ó 10 porciones

175 g/6 oz de mantequilla sin sal, suavizada

175 g/6 oz de azúcar molida (caster)

1 cucharadita de extracto de vainilla

3 huevos grandes, batidos

175 g/6 oz de harina preparada para pastel (harina leudante)

150 ml/¼ pt de crema dulce para batir

2 cucharadas de azúcar glass, cernida

225 g/8 oz de fresas frescas, limpias y picadas

algunas fresas adicionales, para decorar

Angel Cake de Almendras con Crema de Amaretto

1 Precaliente el horno a 180° C/ 350° F, durante 10 minutos antes de hornear. Cierna el azúcar glass con la harina. Mezcle, cierna una vez más y reserve.

2 Usando una batidora eléctrica, bata las claras de huevo, cremor tártaro, extracto de vainilla, media cucharadita de esencia de almendras y sal, a velocidad media, hasta que se formen picos suaves. Agregue gradualmente el azúcar molida, 2 cucharadas a la vez, batiendo después de cada adición, hasta que se formen picos duros.

3 Cierna aproximadamente una tercera parte de la mezcla de harina sobre la mezcla de claras e integre usando una cuchara de metal o espátula de hule.

4 Repita, envolviendo la mezcla de harina con la mezcla de claras de huevo en 2 tandas más. Coloque cuidadosamente en un molde para rosca de Angel Cake de 25.5 cm/10 in.

5 Cocine en el horno precalentado hasta que se esponje, dore y rebote al presionarlo suavemente con un dedo limpio. Invierta el molde inmediatamente y deje enfriar por completo en el molde.

6 Cuando esté frío, pase un cuchillo filoso alrededor de las orillas del molde para separar el pastel. Usando las yemas de sus dedos, desprenda el pastel del molde e invierta sobre un platón. Espolvoree con más azúcar glass.

7 Bata la crema con la esencia de almendras restante, licor de Amaretto y un poco más de azúcar glass, hasta que se formen picos suaves.

8 Coloque la mitad de la crema en una manga para repostería adaptada con una punta de estrella y adorne la orilla inferior del pastel. Decore con frambuesas frescas y acompañe con la crema restante.

INGREDIENTES
Rinde de 10 a 12 rebanadas

175 g/6 oz de azúcar glass, más 2 ó 3 cucharadas

150 g/5 oz de harina simple

350 ml/12 fl oz de claras de huevo (aproximadamente 10 claras de huevo grandes)

1½ cucharaditas de cremor tártaro

½ cucharadita de extracto de vainilla

1 cucharadita de esencia de almendras

¼ cucharadita de sal

200 g/7 oz de azúcar molida (caster)

175 ml/6 fl oz de crema dulce para batir

2 cucharadas de licor de Amaretto

frambuesas frescas, para decorar

Dato Culinario

El Angel Cake tiene una textura muy ligera y delicada por lo que puede ser difícil de rebanar. Para rebanarlo fácilmente, use 2 tenedores para separar cada rebanada del pastel.

Pastel Elegante de Zanahoria

1 Precaliente el horno a 180° C/ 350° F, durante 10 minutos antes de hornear. Engrase ligeramente con aceite un refractario de 33 cm x 23cm/13 x 9 in. Forre la base con papel encerado para hornear, aceite y enharine.

2 En un tazón grande, cierna los 6 primeros ingredientes e incorpore los azúcares para mezclar. Haga una fuente en el centro.

3 Bata los huevos, aceite y extracto de vainilla; vierta en la fuente. Bata con una batidora eléctrica, llevando la mezcla de harina de la orilla hacia el centro, para formar una masa suave. Incorpore las zanahorias, piña machacada y nueces picadas. Mezcle hasta integrar por completo.

4 Vierta en el refractario preparado y empareje la superficie. Cocine en el horno precalentado durante 50 minutos, o hasta que esté firme y que al insertar un palillo en el centro, salga limpio. Retire del horno y deje enfriar. Retire del refractario y deseche el papel encerado.

5 Para hacer el betún, bata el queso crema, mantequilla y extracto de vainilla hasta integrar. Incorpore gradualmente el azúcar glass y continúe batiendo hasta obtener un betún suave. Agregue un poco de leche si fuera necesario. Extienda el betún sobre el pastel. Refrigere aproximadamente 1 hora para que se asiente. Corte en cuadros y sirva.

Dato Culinario

Las zanahorias contienen beta caroteno, que al cocinarse se convierte en el cuerpo de la Vitamina A. Son antioxidantes que ayudan a combatir las enfermedades del corazón y el cáncer. Al comprar zanahorias, elija las de color brillante, firmes y de buena forma. Si es posible, evite pelarlas ya que el contenido de vitamina se localiza inmediatamente debajo de la piel.

INGREDIENTES
Rinde para 12 rebanadas

275 g/10 oz de harina simple

2 cucharaditas de polvo para hornear

1 cucharadita de bicarbonato de sodio

1 cucharadita de sal

2 cucharaditas de canela molida

1 cucharadita de jengibre molido

200 g/7 oz de azúcar morena

100 g/3½ oz de azúcar molida
   (caster)

4 huevos grandes, batidos

250 ml/9 fl oz de aceite de girasol

1 cucharada de extracto de vainilla

4 zanahorias, sin piel y ralladas
   (aproximadamente 450 g/1 lb)

1 lata de 380 g/14 oz de piña
   machacada, drenada

125 g/4 oz de nueces, tostadas y
   picadas

PARA EL BETÚN:

175 g/6 oz de queso crema,
   suavizado

50 g/2 oz de mantequilla, suavizada

1 cucharadita de extracto de vainilla

225 g/8 oz de azúcar glass, cernida

1 ó 2 cucharadas de leche

Pastel de Queso con Chocolate Blanco

1 Precaliente el horno a 180° C/ 350° F, durante 10 minutos antes de hornear. Engrase ligeramente con aceite un molde redondo con resorte de 23 x 7.5 cm/ 9 x 3 in. Muela las galletas marías y las almendras en un procesador de alimentos.

2 Agregue la mantequilla y la esencia de almendras; mezcle. Ponga las migas en el molde y, usando el revés de una cuchara, presione sobre la base y lados hasta 1 cm/½ in de altura de la orilla del molde.

3 Cocine en el horno precalentado durante 5 minutos. Retire y pase a una rejilla de alambre. Reduzca la temperatura del horno a 150° C/300° F.

4 En un cazo sobre calor bajo, caliente el chocolate blanco y acreme, moviendo constantemente hasta que se derrita. Retire y deje enfriar.

5 Bata el queso crema con el azúcar, hasta suavizar. Agregue los huevos gradualmente, batiendo después de cada adición. Siga batiendo

e integre lentamente el chocolate blanco con el Amaretto y vierta sobre la costra horneada. Coloque sobre una charola para hornear y cocine de 45 a 55 minutos, hasta que la orilla del pastel esté firme pero el centro esté ligeramente suave. Si la cubierta empieza a dorarse, reduzca la temperatura del horno. Retire del horno, coloque sobre una rejilla de alambre y aumente la temperatura a 200° C/400° F.

6 Para hacer la cubierta, bata la crema agria, azúcar y esencia de almendras o vainilla, hasta que esté suave. Vierta con cuidado sobre el pastel de queso, girando el molde para distribuirla uniformemente. O, si lo desea, extienda con una espátula larga de metal.

7 Hornee 5 minutos más. Apague el horno y deje la puerta ligeramente abierta durante casi una hora. Coloque sobre una rejilla de alambre y pase un cuchillo filoso alrededor de la orilla para separar la costra del molde. Deje enfriar y refrigere. Retire del molde, decore con rizos de chocolate blanco y sirva.

INGREDIENTES
Rinde para 16 rebanadas

PARA LA BASE:
150 g/5 oz de galletas marías

50 g/2 oz de almendras enteras, ligeramente tostadas

50 g/2 oz de mantequilla

½ cucharadita de esencia de almendras

PARA EL RELLENO:
350 g/12 oz de chocolate blanco de buena calidad, picado

125 ml/4 fl oz de crema dulce para batir

700 g/1½ lb de queso crema, suavizado

50 g/2 oz de azúcar

4 huevos grandes

2 cucharadas de Amaretto o licor de almendra

PARA LA CUBIERTA:
450 ml/¾ pt de crema agria

50 g/2 oz de azúcar

½ cucharadita de esencia de almendra o vainilla

rizos de chocolate blanco, para decorar

Delicioso Food Cake Endiablado

1 Precaliente el horno a 180° C/ 350° F, durante 10 minutos antes de hornear. Engrase ligeramente con aceite 3 moldes redondos para pastel de 23 cm/9 in y forre con papel encerado o papel para hornear. Cierna en un tazón la harina, bicarbonato de sodio y sal.

2 En otro tazón, cierna la cocoa en polvo. Agregue un poco de leche y bata para hacer una pasta. Continúe integrando la leche y batiendo hasta obtener una mezcla suave.

3 Bata la mantequilla, azúcar y extracto de vainilla hasta obtener una mezcla clara y esponjosa. Agregue el huevo gradualmente, batiendo después de cada adición. Integre las mezclas de harina y cocoa alternando en 3 ó 4 tandas.

4 Reparta la mezcla uniformemente en los 3 moldes, aplanando las superficies. Cocine en el horno precalentado de 25 a 35 minutos, hasta que estén cocidos y firmes al tacto. Retire del horno, deje enfriar y coloque sobre una rejilla de alambre. Deseche el papel encerado.

5 Para hacer el betún, ponga en un cazo grueso el azúcar, sal y chocolate. Integre la leche hasta incorporar por completo. Agregue la golden syrup o miel maple y la mantequilla. Hierva sobre fuego medio-alto, moviendo para disolver el azúcar.

6 Hierva 1 minuto, moviendo constantemente. Retire del calor, integre el extracto de vainilla y deje enfriar. Cuando esté frío bata hasta espesar y aclarar.

7 Coloque los tres pasteles a modo de emparedado con una tercera parte del betún entre cada una, poniendo el último pastel con su base plana hacia arriba.

8 Ponga sobre un platón y, usando una espátula larga de metal, extienda el betún restante sobre el pastel y sus lados. Gire la espátula larga de metal sobre el pastel, dándole un efecto decorativo al betún y sirva.

INGREDIENTES
Rinde de 12 a 16 rebanadas

450 g/1 lb de harina simple
1 cucharada de bicarbonato de sodio
½ cucharadita de sal
75 g/3 oz de cocoa en polvo
300 ml/½ pt de leche
150 g/5 oz de mantequilla, suavizada
400 g/14 oz de azúcar morena
2 cucharaditas de extracto de vainilla
4 huevos grandes

BETÚN DE FUDGE DE CHOCOLATE

275 g/10 oz de azúcar molida (caster)
½ cucharadita de sal
125 g/4 oz de chocolate oscuro, picado
225 ml/8 fl oz de leche
2 cucharadas de golden syrup o miel maple
125 g/4 oz de mantequilla, en dados
2 cucharaditas de extracto de vainilla

Pastel Italiano de Polenta con Crema Mascarpone

1 Precaliente el horno a 190° C/ 375° F, durante 10 minutos antes de hornear. Engrase con mantequilla un molde redondo con resorte de 23 cm/9 in. Enharine ligeramente.

2 Mezcle la harina, polenta o fécula de maíz, polvo para hornear, sal y ralladura de limón. Bata los huevos y la mitad del azúcar hasta que la mezcla esté clara y esponjosa. Bata e integre lentamente la leche y extracto de vainilla.

3 Agregue las pasitas o pasas sultanas, incorpore la mezcla de harina y 50 g/2 oz de la mantequilla.

4 Coloque en el molde y empareje la superficie. Acomode las rebanadas de pera sobre la mezcla, sobreponiéndolas y haciendo círculos concéntricos.

5 Derrita la mantequilla restante y barnice las rebanadas de pera. Espolvoree con el azúcar restante.

6 Cocine en el horno precalentado durante 40 minutos, hasta que se esponje, dore y que las orillas de las peras estén ligeramente caramelizadas. Pase a una rejilla de alambre. Deje reposar 15 minutos dentro del molde, para enfriar.

7 Retire el pastel del molde. Caliente la jalea de chabacano con 1 cucharada de agua y barnice la superficie del pastel para glasearla.

8 Bata el queso mascarpone con el azúcar al gusto, la crema y el Amaretto o ron hasta que esté suave y tenga una consistencia de caída suave. Sirva con el pastel de polenta.

9 Cuando se enfríe esparza las almendras sobre el pastel y espolvoree generosamente con el azúcar glass. Sirva acompañando con la crema de mascarpone al licor.

INGREDIENTES
Rinde de 6 a 8 rebanadas

1 cucharadita de mantequilla y harina para enharinar el molde

100 g/3½ oz de harina simple

40 g/1½ oz de polenta o fécula de maíz amarilla

1 cucharadita de polvo para hornear

¼ cucharadita de sal

ralladura de 1 limón

2 huevos grandes

150 g/5 oz de azúcar

5 cucharadas de leche

½ cucharadita de esencia de almendras

2 cucharadas de pasitas o pasas sultanas

75 g/3 oz de mantequilla sin sal, suavizada

2 peras medianas para postre, sin piel, descorazonadas y finamente rebanadas

2 cucharadas de jalea de chabacano

175 g/6 oz de queso mascarpone

1 ó 2 cucharaditas de azúcar

50 ml/2 fl oz de crema dulce para batir

2 cucharadas de licor Amaretto o ron

2 ó 3 cucharadas de hojuelas de almendras tostadas

azúcar glass, para espolvorear

Pastel de Manzanas de Otoño

1 Precaliente el horno a 170° C/ 325° F, durante 10 minutos antes de hornear. Engrase ligeramente la base de un molde para pastel profundo de 20.5 cm/ 8 in y forre con papel para hornear o papel encerado. En un tazón pequeño, cierna la harina y polvo para hornear.

2 Bata la margarina, azúcar y extracto de vainilla, hasta que esté clara y esponjosa. Integre gradualmente los huevos, batiendo después de cada adición. Incorpore la harina.

3 Coloque aproximadamente una tercera parte de la mezcla en el molde, emparejando la superficie. Mezcle las rebanadas de manzana, jugo de limón y canela; coloque una capa gruesa sobre la mezcla de pastel. Extienda la mezcla restante sobre las manzanas hasta la orilla del molde, asegurándose de cubrir las manzanas. Empareje la superficie con el reverso de una cuchara mojada y espolvoree generosamente con azúcar.

4 Cocine en el horno precalentado durante 1½ horas, o hasta que se esponje y dore, que las manzanas estén suaves y el centro del pastel rebote al apretarlo ligeramente. (Si el pastel se estuviera dorando demasiado rápido, reduzca la temperatura del horno y tape ligeramente con papel aluminio.)

5 Pase a una rejilla de alambre y deje enfriar aproximadamente 20 minutos dentro del molde. Pase un cuchillo alrededor de la orilla para desprender el pastel e invierta sobre una rejilla cubierta con papel encerado. Voltee inmediatamente y deje enfriar. Sirva con la crema pastelera o crema.

Dato Culinario

Las manzanas son sumamente versátiles, ya que pueden hornearse, hacerse puré, cocerse o usarse en pasteles y pays, o en platillos sazonados. Tienen un buen contenido de fibra soluble y ayudan a evitar la angustia causada por el hambre durante las dietas.

INGREDIENTES
Rinde de 8 a 10 rebanadas

225 g/8 oz de harina preparada para pastel (harina leudante)

1½ cucharaditas de polvo para hornear

150 g/5 oz de margarina suavizada

150 g/5 oz de azúcar molida (caster), más la necesaria para espolvorear

1 cucharadita de extracto de vainilla

2 huevos grandes, batidos

1 kg/2½ lb de manzanas Bramley o manzanas para cocinar, sin piel, descorazonadas y rebanadas

1 cucharada de jugo de limón

½ cucharadita de canela molida

crema pastelera o crema, para acompañar

Rollo Navideño de Chocolate con Arándano

1 Precaliente el horno a 200° C/ 400° F. Caliente la crema sobre calor medio y cuando suelte el hervor retire e incorpore todo el chocolate, moviendo hasta que se derrita. Agregue el brandy, si lo usa, y cuele hacia un tazón mediano. Cuando esté frío, refrigere de 6 a 8 horas.

2 Engrase ligeramente con aceite una charola para rollo de 39 cm x 26 cm/15 ½ x 10 ½ in y cubra con papel encerado. Usando una batidora eléctrica, bata las yemas de huevo hasta que estén espesas y cremosas. Bata e integre la cocoa en polvo lentamente y la mitad del azúcar glass; reserve. Bata las claras de huevo y cremor tártaro hasta que se formen picos suaves. Integre gradualmente el azúcar restante, batiendo hasta que la mezcla esté dura y brillante. Incorpore la mezcla de yemas con las claras, usando una cuchara de metal o espátula de hule. Extienda uniformemente sobre la charola.

3 Cocine en el horno precalentado 15 minutos. Retire e invierta sobre una hoja grande de papel encerado, espolvoreado con cocoa en polvo. Corte las orillas crujientes del pastel y enrolle. Deje enfriar sobre una rejilla de alambre.

4 Para el relleno, caliente la salsa de arándano con el brandy, si lo usa, hasta que esté fácil de untar. Desenrolle el pastel y cubra con la salsa de arándano. Deje enfriar y reposar. Ponga cucharadas de la crema batida sobre la superficie y extienda dejando libre una orilla de 2.5 cm/1 in. Vuelva a enrollar el pastel. Páselo a un platón o a una charola.

5 Deje reposar el ganache de chocolate a temperatura ambiente y bata hasta obtener una consistencia suave y untable. Extienda sobre el rollo y, usando un tenedor, haga ondas que asemejen la corteza de un árbol. Espolvoree con azúcar glass. Decore con las tiras de naranja acarameladas y los arándanos secos. Sirva.

INGREDIENTES
Rinde de 12 a 14 rebanadas

BETÚN DE GANACHE DE CHOCOLATE:
300 ml/½ pt de crema dulce para batir
350 g/12 oz de chocolate oscuro, picado
2 cucharadas de brandy (opcional)

PARA EL ROLLO:
5 huevos grandes, separados
3 cucharadas de cocoa en polvo, cernida, más la necesaria para espolvorear
125 g/4 oz de azúcar glass, cernida, más el necesario para espolvorear
¼ cucharadita de cremor tártaro

PARA EL RELLENO:
175 g/6 oz de salsa de arándano
1 ó 2 cucharadas de brandy (opcional)
450 ml/¾ pt de crema dulce para batir, batida hasta formar picos suaves

PARA DECORAR:
tiras de naranja acarameladas
arándanos secos

Panqué de Mantequilla con Maracuyá a la Madeira

1 Precaliente el horno a 180° C/ 350° F, durante 10 minutos antes de hornear. Engrase ligeramente con aceite un molde para panqué de 23 cm x 12.5 cm/ 9 x 5 in y cubra su base con papel encerado. Cierna la harina y polvo para hornear en un tazón, reserve.

2 Bata la mantequilla, azúcar, ralladura de naranja y extracto de vainilla hasta que esté clara y esponjosa. Integre gradualmente los huevos, batiendo después de cada adición. Si la mezcla tiene grumos o se separa, agregue un poco de la mezcla de harina.

3 Integre la mezcla de harina con la leche hasta mezclar. No mezcle demasiado. Coloque en el molde preparado con ayuda de una cuchara y empareje la superficie. Espolvoree ligeramente con la cucharadita de azúcar molida.

4 Cocine en el horno precalentado 55 minutos, o hasta que se esponje y dore. Retire del horno y deje enfriar de 15 a 20 minutos. Voltee el pastel y deseche el papel encerado.

5 Corte los maracuyás en mitades y ponga la pulpa en un colador colocado sobre un tazón. Presione usando una espátula de hule o cuchara de madera. Incorpore el azúcar glass y mezcle para disolver, agregando un poco más de azúcar si fuera necesario.

6 Usando un trinche, haga perforaciones sobre el pastel. Lentamente bañe con la mezcla de maracuyá y deje que se absorba. Voltee el pastel cuidadosamente sobre una rejilla de alambre, y vuelva a voltear. Espolvoree con azúcar glass y deje enfriar por completo. Sirva el pastel Madeira frío.

INGREDIENTES
Rinde de 8 a 10 rebanadas

210 g/7 ½ oz de harina simple
1 cucharadita de polvo para hornear
175 g/6 oz de mantequilla sin sal, suavizada
250 g/9 oz de azúcar molida (caster), más 1 cucharadita
ralladura de 1 naranja
1 cucharadita de extracto de vainilla
3 huevos medianos, batidos
2 cucharadas de leche
6 maracuyás maduros
50 g/2 oz de azúcar glass
azúcar glass, para espolvorear

Dato Culinario

A pesar de su nombre, el pastel Madeira en realidad no es originario de la isla Madeira posesión de Portugal. De hecho, es un pastel tradicionalmente Inglés que obtuvo su nombre debido a que a menudo se sirve con el vino de Madeira.

Torta Francesa de Chocolate y Nuez

1 Precaliente el horno a 180° C/ 350° F, durante 10 minutos antes de hornear. Engrase con mantequilla ligeramente un molde redondo con resorte de 20.5 cm x 5 cm/8 x 2 in y cubra con papel aluminio para evitar que se le meta el agua.

2 En un cazo sobre calor bajo, derrita el chocolate con la mantequilla y mezcle hasta que esté suave. Retire del calor y deje enfriar.

3 Usando una batidora eléctrica, bata los huevos, azúcar y extracto de vainilla hasta aclarar y esponjar. Bata e integre gradualmente el chocolate derretido, nueces molidas y canela. Vierta en el molde preparado.

4 Coloque el molde preparado sobre una charola de hornear grande y agregue suficiente agua hasta cubrir 2 cm/¾ in de profundidad. Cocine en el horno precalentado hasta que las orillas estén firmes, pero el centro se vea suave al agitar la torta suavemente. Retire del horno y deje enfriar sobre una rejilla de alambre.

5 Para el glaseado, derrita y suavice todos los ingredientes sobre calor bajo. Retire del fuego. Sumerja cada nuez hasta la mitad en el glaseado y deje reposar sobre una hoja de papel encerado hasta que se endurezca. Deje reposar el glaseado restante hasta que espese ligeramente.

6 Retire la torta del molde e invierta. Vierta el glaseado sobre la torta aplanando la superficie y extendiendo el glaseado hacia las orillas. Acomode las nueces glaseadas alrededor de la torta. Deje reposar y sirva.

Dato Culinario

Aunque esta receta es francesa, la torta realmente es originaria de Alemania, y tiende a ser un delicioso postre tipo pastel. Es deliciosa si se sirve con compota de moras.

INGREDIENTES
Rinde para 16 rebanadas

200 g/7 oz de chocolate oscuro, picado

150 g/5 oz de mantequilla, en dados

4 huevos grandes

100 g/3½ oz de azúcar molida (caster)

2 cucharaditas de extracto de vainilla

125 g/4 oz de nueces, finamente molidas

2 cucharaditas de canela molida

24 nueces en mitades, ligeramente tostadas, para decorar

GLASEADO DE CHOCOLATE:

125 g/4 oz de chocolate oscuro, picado

60 g/2½ oz de mantequilla, en dados

2 cucharadas de miel de abeja clara

¼ cucharadita de canela molida

Pastel de Coco al Limón

1 Precaliente el horno a 180° C/ 350° F, durante 10 minutos antes de hornear. Engrase ligeramente con aceite y enharine dos moldes anti adherentes para pastel de 20.5 cm/8 in.

2 En un tazón grande, cierna la harina, fécula de maíz, polvo para hornear y sal. Agregue la manteca vegetal o margarina, azúcar, ralladura de limón, extracto de vainilla, huevos y leche.

3 Con una batidora eléctrica a velocidad media, bata hasta integrar, agregando un poco más de leche si la mezcla estuviera muy dura. Aumente a velocidad media y bata aproximadamente 2 minutos.

4 Reparta la mezcla en los moldes y empareje las superficies. Cocine en el horno precalentado de 20 a 25 minutos, o hasta que los pasteles estén cocidos y se sientan firmes. Retire del horno y deje enfriar antes de sacarlos de los moldes

5 En un tazón refractario colocado sobre una olla con agua hirviendo a fuego lento, ponga todos los ingredientes del betún, excepto el coco. (No deje que la base del tazón toque el agua.)

6 Usando una batidora eléctrica, integre los ingredientes del betún batiendo a velocidad baja. Aumente a velocidad alta y bata 7 minutos, hasta que las claras estén a punto de turrón. Retire el tazón del calor y continúe batiendo hasta enfriar. Tape con plástico adherente.

7 Usando un cuchillo de sierra, parta el pastel horizontalmente a la mitad y rocíe cada mitad con el Malibú o ron. Acomode los pasteles a modo de emparedado uniendo con el lemon curd y presione ligeramente.

8 Cubra la superficie y los lados generosamente con el betún, haciendo ondas y picos. Esparza el coco rallado sobre el pastel y presione suavemente para cubrir los lados. Decore el pastel de coco con la ralladura de limón y sirva.

INGREDIENTES
Rinde de 10 a 12 rebanas

275 g/10 oz de harina simple
2 cucharadas de fécula de maíz
1 cucharada de polvo para hornear
1 cucharadita de sal
150 g/5 oz de manteca vegetal blanca
  o margarina suave
275 g/10 oz de azúcar molida
  (caster)
ralladura de 2 limones
1 cucharadita de extracto de vainilla
3 huevos grandes
150 ml/¼ pt de leche
4 cucharadas de Malibú o ron
450 g/1 lb de lemon curd
ralladura de limón, para decorar

PARA EL BETÚN:
275 g/10 oz de azúcar molida
  (caster)
125 ml/4 fl oz de agua
1 cucharada de glucosa
¼ cucharadita de sal
1 cucharadita de extracto de vainilla
3 huevos grandes
75 g/3 oz de coco rallado

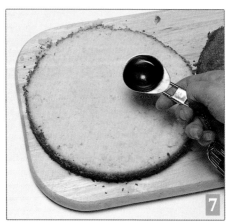

Pastel de Café y Nuez con Ciruelas al Brandy

1 Precaliente el horno a 180° C/ 350° F, durante 10 minutos antes de hornear. Coloque las ciruelas en un tazón pequeño con el té y brandy. Deje reposar de 3 a 4 horas o durante toda la noche. Engrase con aceite la base de 2 moldes para pastel de capas de 23 cm/9 in y cubra con papel encerado. Pique los trozos de nueces en un procesador de alimentos. Reserve una cuarta parte de las nueces. Agregue la harina, polvo para hornear y café; mezcle hasta moler finamente.

2 Bata las claras de huevo con el cremor tártaro hasta formar picos suaves. Integre una tercera parte del azúcar, 2 cucharadas a la vez, hasta que se formen picos duros. En otro tazón, bata las yemas de huevo, aceite y azúcar restante, hasta espesar. Usando una cuchara de metal o espátula de hule, alterne para integrar la mezcla de nueces y las claras de huevo.

3 Reparta la mezcla uniforme- mente en los moldes, aplanando las superficies. Cocine en el horno

precalentado de 30 a 35 minutos, o hasta que las superficies de los pasteles reboten al presionarlas con un dedo limpio. Retire del horno y deje enfriar. Saque de los moldes y deseche el papel encerado.

4 Escurra las ciruelas, reservando el líquido. Seque sobre toallas de papel; pique y reserve. Bata la crema con el azúcar glass y el licor hasta que se formen picos suaves. Coloque una octava parte de la crema en una manga para repostería adaptada con una punta de estrella.

5 Corte el pastel a la mitad horizontalmente. Rocíe cada mitad con el líquido reservado de las ciruelas. Una las capas del pastel a manera de emparedado, usando la mitad de la crema y todas las ciruelas picadas.

6 Extienda la crema restante sobre los lados del pastel y decore con las nueces picadas. Adorne con rose- tones de crema alrededor del pastel. Decore con nueces en mitades y sirva.

INGREDIENTES
Rinde de 10 a 12 rebanadas

PARA LAS CIRUELAS:
225 g/8 oz de ciruelas secas sin hueso, listas para comerse
150 ml/¼ pt de té frío
3 cucharadas de brandy

PARA EL PASTEL:
450 g/1 lb de trozos de nuez
50 g/2 oz de harina preparada para pastel (harina leudante)
½ cucharadita de polvo para hornear
1 cucharadita de café instantáneo en polvo (no granulado)
5 huevos grandes, separados
¼ cucharadita de cremor tártaro
150 g/5 oz de azúcar molida (caster)
2 cucharadas de aceite de girasol
8 mitades de nuez de castilla, para decorar

PARA EL RELLENO:
600 ml/1 pt de crema dulce para batir
4 cucharadas de azúcar glass, cernida
2 cucharadas de licor de café

Pastel de Fresas Silvestres y Mermelada de Pétalo de Rosas

1 Precaliente el horno a 180° C/ 350° F, durante 10 minutos antes de hornear. Engrase con aceite y enharine ligeramente un molde anti-adherente para pastel de 20.5 cm/8 in. En un tazón cierna la harina, polvo para hornear y sal; reserve.

2 Bata la mantequilla y azúcar hasta que esté clara y esponjada. Siga batiendo, integre los huevos poco a poco, y añada el agua de rosas. Incorpore suavemente la mezcla de harina y leche con una cuchara de metal o espátula de hule; mezcle ligeramente.

3 Coloque cucharadas de la mezcla en el molde, extendiéndola uniformemente y aplanando la superficie.

4 Cocine en el horno precalentado de 25 a 30 minutos, o hasta que se esponje, dore y el centro rebote al presionarlo con un dedo limpio. Retire y deje enfriar, saque del molde.

5 Para el relleno, bata la crema, yogurt, 1 cucharada del agua de rosas y 1 cucharada de azúcar glass hasta que se formen picos suaves. Rebane el pastel a la mitad horizontalmente y rocíe con el agua de rosas restante.

6 Extienda la jalea tibia sobre la base del pastel. Cubra con la mitad de la mezcla de crema batida, agregue la mitad de las fresas. Coloque la otra capa del pastel. Unte la crema restante y, si lo desea haga ondas. Decore con los pétalos de rosa. Espolvoree el pastel ligeramente con un poco de azúcar glass y sirva.

Dato Culinario

El agua de rosas se destila de pétalos de rosa y tiene un sabor intensamente perfumado. Durante siglos ha sido muy popular en las cocinas del Medio Oriente, China e India.

INGREDIENTES
Rinde 8 porciones

275 g/10 oz de harina simple
1 cucharadita de polvo para hornear
¼ cucharadita de sal
150 g/5 oz de mantequilla sin sal, suavizada
200 g/7 oz de azúcar molida (caster)
2 huevos grandes, batidos
2 cucharadas de agua de rosas
125 ml/4 fl oz de leche
125 g/4 oz cucharadas de jalea de pétalo de rosas o fresa, tibia
125 g/4 oz de fresas silvestres, limpias, picadas; o fresas miniatura
pétalos de rosa congelados, para decorar

RELLENO DE CREMA ROSA:

200 ml/7 fl oz de crema dulce para batir
25 ml/1 fl oz de yogurt griego natural
2 cucharadas de agua de rosas
1 ó 2 cucharadas de azúcar glass

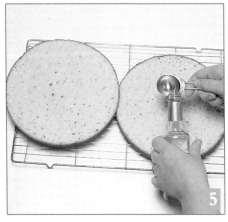

Fruit Cake Festivo

1 Precaliente el horno a 170° C/ 325° F, durante 10 minutos antes de hornear. En un cazo, caliente la mantequilla con el azúcar moviendo frecuentemente, hasta que el azúcar se derrita.

2 Agregue la piña y su jugo, frutas secas y cáscara. Cuando suelte el hervor, reduzca la temperatura y hierva a fuego lento 3 minutos, moviendo de vez en cuando. Retire del fuego y deje enfriar por completo.

3 Engrase ligeramente con aceite la base de un molde desmontable para pastel redondo de 20.5 cm x 7.5 cm/8 x 3 in y forre con papel para hornear. En un tazón, cierna la harina, bicarbonato de sodio, especias y sal.

4 Incorpore la mezcla hervida de fruta la harina y huevos y

mezcle. Coloque en el molde y empareje la superficie. Hornee 1¼ horas, o hasta que al insertar un palillo en el centro salga limpio. (Si el pastel se dora demasiado rápido, cubra con papel aluminio y reduzca la temperatura).

5 Retire y deje enfriar por completo antes de sacar del molde y desechar el papel encerado.

6 Acomode las nueces, cerezas y ciruelas o dátiles sobre el pastel de modo decorativo. Caliente la miel y barnice para glasear la cubierta.

7 O, si lo desea, ponga las nueces y frutas en la miel caliente y extienda uniformemente sobre el pastel. Deje enfriar y almacene en un molde para pastel durante uno o dos días antes de servirlo, para que se desarrollen.

Consejo Sabroso

La fruta que se usa para este pastel será lo que determine la diferencia en su sabor. Use cerezas naturales glaseadas, que tienen un sabor más frutado. Las ciruelas, pasitas y pasas sultanas de California generalmente también tienen más sabor.

INGREDIENTES
Rinde para 16 rebanadas

125 g/4 oz de mantequilla o margarina

125 g/4 oz de azúcar morena

1 lata de 380 g de piña machacada

150 g/5 oz de pasitas

150 g/5 oz de pasas

125 g/4 oz de jengibre cristalizado, finamente picado

125 g/4 oz de cerezas glaseadas, toscamente picadas

125 g/4 oz de mezcla de cáscara cortada

225 g/8 oz de harina preparada para pastel (harina leudante)

1 cucharadita de bicarbonato de sodio

2 cucharaditas de mezcla de especias

1 cucharaditas de comino molido

½ cucharadita de sal

2 huevos grandes, batidos

PARA LA CUBIERTA:

100 g/3½ oz de nueces en mitades, ligeramente tostadas

125 g/4 oz de cerezas rojas, verdes y amarillas, glaseadas

100 g/3½ oz de ciruelas pequeñas o dátiles, sin hueso

2 cucharadas de miel de abeja clara

Rollo Suizo de Caramelo y Nuez

1 Precaliente el horno a 190° C/ 375° F, durante 10 minutos antes de hornear. Engrase ligeramente con aceite una charola antiadherente para hornear rollos y cubra con papel encerado. Bata las claras de huevo y cremor tártaro hasta que se formen picos suaves. Continúe batiendo y agregue gradualmente 50 g/2 oz del azúcar glass hasta que se formen picos duros.

2 En otro tazón, bata las yemas con el azúcar glass restante, hasta espesar. Agregue el extracto de vainilla. Integre la harina y las claras de huevo alternando, usando una cuchara de metal o espátula de hule. No mezcle demasiado.

3 Coloque la mezcla en el molde y extienda uniformemente. Cocine en el horno precalentado 12 minutos, o hasta que se esponje, dore y rebote al presionar con un dedo limpio.

4 Extienda una manta de cocina limpia sobre una superficie de trabajo y ponga un trozo de papel para hornear de aproximadamente 33 cm/13 in sobre la toalla.

Espolvoree con el azúcar glass. Tan pronto esté cocido el pastel, colóquelo sobre el papel. Retire el papel con el que se horneó y corte las orillas duras del pastel. Iniciando en una orilla angosta, enrolle el pastel con el papel y la toalla. Pase a una rejilla de alambre y deje enfriar por completo.

5 Haga el relleno colocando la harina, leche y miel en un cazo pequeño sobre calor bajo. Hierva, batiendo hasta espesar y suavizar. Retire del fuego e integre con las yemas batidas.

6 Vuelva a poner la mezcla en el cazo y cocine sobre calor bajo hasta que espese y cubra el revés de una cuchara.

7 Cuele la mezcla sobre un tazón e integre las nueces picadas. Deje enfriar, moviendo ocasionalmente e incorpore aproximadamente la mitad de la crema batida.

8 Desenrolle el pastel y cubra con el relleno. Vuelva a enrollar y decore con la crema restante. Espolvoree con azúcar glass y sirva.

INGREDIENTES
Rinde de 10 a 12 rebanadas

4 huevos grandes, separados
½ cucharadita de cremor tártaro
125 g/4 oz de azúcar glass, más el necesario para espolvorear
½ cucharadita de extracto de vainilla
125 g/4 oz de harina preparada para pastel (harina leudante)

RELLENO DE CHICLOSO DE NUEZ:

2 cucharadas de harina simple
150 ml/¼ pt de leche
5 cucharadas de golden syrup o miel maple
2 yemas de huevo grandes, batidas
100 g/3½ oz de nueces, tostadas y picadas
300 ml/½ pt de crema dulce batida

Dato Culinario

Al enrollar la esponja de pan de esta receta con una toalla de cocina limpia, se condensa el vapor manteniéndola bastante flexible y evitando así las cuarteaduras.

Pastel de Merengue con Frambuesas y Nueces

1 Precaliente el horno a 140° C/ 275° F. Forre 2 charolas para hornear con papel encerado y dibuje un círculo de 20.5 cm/8 in sobre cada uno. Bata las claras de huevo y cremor tártaro hasta que se formen picos suaves. Continúe batiendo e integre gradualmente el azúcar, 2 cucharadas cada vez.

2 Bata después de cada adición, hasta que las claras estén a punto de turrón. Usando una cuchara de metal o espátula de hule, integre las avellanas molidas.

3 Reparta la mezcla uniforme-mente en los dos círculos y extienda parejo. Ondule uno de los círculos para decorar su superficie. Cocine en el horno precalentado durante 1½ horas aproximadamente, hasta que estén crujientes y secos.

Apague el horno y deje enfriar 1 hora. Pase a una rejilla de alambre para enfriar por completo. Retire los papeles con cuidado.

4 Haga el relleno, batiendo la crema, azúcar glass y licor, si lo usa, hasta que se formen picos suaves. Coloque el círculo plano sobre un platón. Cubra con la crema, reservando un poco para la cubierta, y acomode las frambuesas en círculos concéntricos sobre la crema.

5 Coloque el merengue decorado sobre la crema y las frambuesas, presionando para cubrir suavemente. Ponga la crema restante sobre el merengue, ayudándose con una manga para repostería y agregue algunas frambuesas. Sirva.

INGREDIENTES
Rinde para 8 rebanadas

4 claras de huevo grandes
½ cucharadita de cremor tártaro
225 g/8 oz de azúcar molida (caster)
75 g/3 oz de avellanas, sin piel, tostadas y finamente molidas

PARA EL RELLENO:
300 ml/½ pt de crema dulce para batir
1 cucharada de azúcar glass
1 ó 2 cucharadas de licor de frambuesa (opcional)
350 g/12 oz de frambuesas frescas

Consejo

Al batir claras de huevo, es esencial que el tazón esté totalmente limpio y seco, ya que cualquier rastro de grasa o aceite evita que se esponjen y adquieran el volumen necesario.

Duquesa de Chocolate con Frutas de Verano

1 Precaliente el horno a 140° C/ 275° F, durante 10 minutos antes de hornear. Cubra 3 charolas para hornear con papel encerado y dibuje un círculo de 20. 5 cm/8 in en cada uno.

2 Bata las claras de huevo con el cremor tártaro hasta que se formen picos suaves.

3 Siga batiendo e integre gradualmente el azúcar, 2 cucharadas a la vez, batiendo después de cada adición, hasta que las claras estén a punto de turrón.

4 Integre la esencia de almendras y, usando una cuchara de metal o espátula de hule, incorpore las almendras molidas.

5 Reparta la mezcla uniformemente en los 3 círculos de papel para hornear, haciendo círculos y aplanando sus superficies.

6 Cocine en el horno precalentado durante 1½ horas o hasta que esté crujiente, rotando las charolas a la mitad del tiempo de horneado. Apague el horno, deje enfriar aproximadamente 1 hora, saque y deje enfriar por completo antes de desechar el papel encerado.

7 Bata la mantequilla, azúcar glass y cocoa en polvo hasta que esté suave y cremoso, agregando la leche o crema para obtener una consistencia suave.

8 Reserve aproximadamente una cuarta parte de las frutas para decorar. Cubra un merengue con crema y una tercera parte de las frutas restantes. Repita la operación con los demás círculos de merengue poniendo crema y frutas.

9 Esparza las hojuelas de almendras tostadas, las moras reservadas y espolvoree con azúcar glass. Sirva.

INGREDIENTES
Rinde para 8 rebanadas

MERENGUES DE ALMENDRA:
6 claras de huevo grandes
¼ cucharadita de cremor tártaro
275 g/10 oz de azúcar molida (caster)
½ cucharadita de esencia de almendras
50 g/2 oz de almendras sin piel o en hojuelas, ligeramente tostadas y finamente molidas

CREMA DE MANTEQUILLA DE CHOCOLATE:
75 g/3 oz de mantequilla, suavizada
450 g/1 lb de azúcar glass, cernido
50 g/2 oz de cocoa en polvo, cernida
3 ó 4 cucharadas de crema o nata (single cream)
550 g/1¼ lb de frutas mixtas como frambuesas, fresas y moras

PARA DECORAR:
hojuelas de almendras tostadas
azúcar glass

Pastel de Fruta Naranja

1 Precaliente el horno a 180° C/ 350° F, durante 10 minutos antes de hornear. Engrase ligeramente con aceite la base de un molde redondo de 25.5 cm/ 10 in o molde de rosca y forre con papel encerado o papel para hornear.

2 Cierna la harina y polvo para hornear en un tazón grande e integre el azúcar.

3 Haga una fuente en el centro y agregue la mantequilla, huevos, ralladura y jugo de naranja. Bata hasta incorporar y obtener una masa suave. Coloque en el molde y empareje la superficie.

4 Cocine en el horno precalentado de 35 a 45 minutos, o hasta dorar y que los lados empiecen a separarse de las orillas del molde. Saque del horno, deje enfriar antes de retirar del molde y desechar el papel encerado.

5 Usando un cuchillo de sierra, corte el pastel horizontalmente a una tercera parte de la superficie y retire la capa superior. Si no usó un

molde de rosca, corte un círculo en el centro de las capas de pastel, haciendo un túnel hueco. Reserve para hacer un trifle u otro postre. Rocíe los lados cortados con Cointreau.

6 Para el relleno, bata la crema y yogurt con el extracto de vainilla, Cointreau y azúcar glass, hasta que se formen picos suaves.

7 Pique la fruta anaranjada e integre con la crema. Coloque unas cucharadas de esta mezcla sobre la capa inferior del pastel presionando ligeramente. Pase a un platón.

8 Cubra con la capa superior de esponja de pan y extienda la mezcla de crema restante sobre el pastel y sus lados.

9 Presione las nueces picadas en los lados del pastel y decore la superficie con los arándanos y frambuesas. Si lo desea, espolvoree con azúcar glass y sirva.

INGREDIENTES
Rinde de 10 a 12 rebanadas

PASTEL DE NARANJA:
225 g/8 oz de harina preparada para pastel (harina leudante)
2 cucharaditas de polvo para hornear
225 g/8 oz de azúcar molida (caster)
225 g/8 oz de mantequilla suavizada
4 huevos grandes
ralladura de 1 naranja
2 cucharadas de jugo de naranja
2 ó 3 cucharadas de Cointreau
125 g/4 oz de nueces picadas
Arándanos, frambuesas y ramas de menta para decorar
azúcar glass, para espolvorear

PARA EL RELLENO:
450 ml/¼ pt de crema dulce para batir
50 ml/2 fl oz de yogurt griego
½ cucharadita de extracto de vainilla
2 ó 3 cucharadas de Cointreau
1 cucharada de azúcar glass
450 g/1 lb de frutas anaranjadas, como mango, durazno, nectarina, papaya y ciruelas amarillas

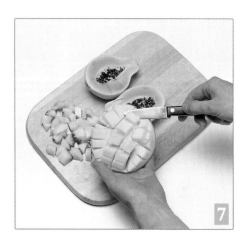

Pastel de Mousse de Chocolate

1 Precaliente el horno a 180° C/ 350° F, durante 10 minutos antes de hornear. Engrase con aceite ligeramente la base de dos moldes de resorte de 20.5 cm/8 in y cubra con papel para hornear. Derrita el chocolate con la mantequilla en un tazón colocado sobre un cazo con agua hirviendo a fuego lento. Mezcle hasta suavizar. Retire del fuego e integre el brandy.

2 Reserve 2 cucharadas del azúcar. Bata las yemas de huevo con el azúcar restante hasta espesar y acremar. Incorpore lentamente la mezcla de chocolate hasta suavizar. Bata las claras de huevo hasta que se formen picos suaves, espolvoree con el azúcar restante y continúe batiendo hasta que esté a punto de turrón.

3 Agregue una cucharada grande de claras a la mezcla de chocolate. Incorpore las claras de huevo restantes. Reparta dos terceras partes de la mezcla en los moldes, distribuyendo uniformemente. Reserve la tercera parte para el

relleno. Hornee 20 minutos, o hasta que se esponjen y estén cocidos. Retire y enfríe por lo menos 1 hora.

4 Desprenda las orillas de los pasteles con un cuchillo. Usando las yemas de sus dedos, presione ligeramente sobre las orillas crujientes. Sin sacar del molde, vierta el mousse restante sobre un pastel y extienda uniformemente. Abra el otro molde, saque el pastel e invierta sobre el mousse, poniendo la parte inferior hacia arriba para que el pastel quede plano. Deseche el papel encerado y deje enfriar de 4 a 5 horas, hasta que esté firme.

5 En un cazo grueso, derrita la crema y el chocolate con el brandy para hacer el glaseado. Mezcle. Deje enfriar. Abra el molde del pastel de mousse y coloque sobre una rejilla de alambre. Cubra con la mitad del glaseado y extienda. Deje reposar, decore con los rizos de chocolate. Para servir, caliente el glaseado restante, bañe cada rebanada y adorne con crema.

INGREDIENTES
Rinde de 8 a 10 rebanadas

PARA EL PASTEL:

450 g/1 lb de chocolate oscuro, picado

125 g/4 oz de mantequilla, suavizada

3 cucharadas de brandy

9 huevos grandes, separados

150 g/5 oz de azúcar molida (caster)

GLASEADO DE CHOCOLATE:

225 ml/8 fl oz de crema dulce para batir

225 g/8 oz de chocolate oscuro, picado

2 cucharadas de brandy

1 cucharada de crema, o nata (single cream) y rizos de chocolate blanco, para decorar

Dato Culinario

Es sumamente elegante y delicioso si se sirve con compota de fruta. ¿Por qué no hacer una compota de cereza usando cerezas frescas, si es temporada o cerezas en jugo de fruta? Retire los huesos o cuele, hierva a fuego lento con un poco de jugo de manzana, hasta reducir.

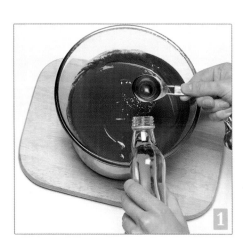

Pastel de Caja de Chocolate

1 Precaliente el horno a 180º C/ 350º F, durante 10 minutos antes de hornear. Engrase ligeramente con aceite y enharine un molde cuadrado para pastel de 20.5 cm/8 in. En un tazón grande, cierna la harina y polvo para hornear e integre el azúcar.

2 Usando una batidora eléctrica, incorpore la mantequilla y los huevos. Disuelva la cocoa en polvo en 1 cucharada de agua e integre con la mezcla cremosa.

3 Coloque en el molde y cocine en el horno precalentado aproximadamente 25 minutos, o hasta que se esponje y se cueza. Retire y deje enfriar antes de sacarlo del molde.

4 Para hacer la caja de chocolate, trocee el chocolate en piezas pequeñas. Coloque en un refractario sobre un cazo con agua hirviendo a fuego lento y suavice. Mueva de vez en cuando, hasta derretir y suavizar. Forre una charola para hornear con papel encerado y vierta el chocolate derretido, ladeando para nivelarlo. Deje reposar hasta que se endurezca.

5 Una vez duro, coloque sobre una tabla de picar y despegue del papel cuidadosamente. Usando un cuchillo grande y filoso previamente remojado en agua caliente, corte en 4 tiras del mismo tamaño que el pastel.

6 Caliente la mermelada de chabacano suavemente y cuele para retirar los grumos. Barnice sobre la superficie y lados del pastel. Coloque las tiras de chocolate alrededor del pastel teniendo cuidado y presionando ligeramente. Deje reposar por lo menos 10 minutos.

7 Para el betún, bata la crema hasta formar picos suaves y rápidamente integre con el chocolate derretido con el brandy.

8 Coloque la crema batida de chocolate en una manga para repostería adaptada con una boquilla de estrella y decore el pastel haciendo rosetones o conchas. Espolvoree con cocoa en polvo y sirva.

INGREDIENTES
Rinde para 16 rebanadas

ESPONJA DE PAN DE CHOCOLATE:
175 g/6 oz de harina preparada para pastel (harina leudante)
1 cucharadita de polvo para hornear
175 g/6 oz de azúcar molida (caster)
175 g/6 oz de mantequilla, suavizada
3 huevos grandes
25 g/1 oz de cocoa en polvo
150 g/5 oz de mermelada de chabacano
cocoa en polvo, para espolvorear

CAJA DE CHOCOLATE:
275 g/10 oz de chocolate oscuro

CUBIERTA DE CREMA BATIDA DE CHOCOLATE:
450 ml/¾ pt de crema dulce para batir
275 g/10 oz de chocolate oscuro, derretido
2 cucharadas de brandy
1 cucharadita de cocoa en polvo para decorar

ÍNDICE

156
154
144
144
149
132
124, 6
104
176
188
216
246

South Pr...